Tu propósito de vida eres tú

Tu propósito
de vida eres tú

Manuel Márquez

VERGARA

Papel certificado por el Forest Stewardship Council®

MIXTO
Papel procedente de
fuentes responsables
FSC® C117695

Penguin
Random House
Grupo Editorial

Primera edición: enero de 2022

© 2022, Manuel Márquez
Autor representado por Editabundo Agencia Literaria, S. L.
© 2022, Penguin Random House Grupo Editorial, S. A. U.
Travessera de Gràcia, 47-49. 08021 Barcelona

Printed in Spain – Impreso en España

ISBN: 978-84-18620-30-0
Depósito legal: B-17.681-2021

Compuesto en Llibresimes, S. L.

Impreso en Romanyà Valls, S. A.
Capellades (Barcelona)

VE 2 0 3 0 0

Para Charo, ella es mi propósito de vida

Prólogo

Llevo veinticinco años ayudando a que las personas consigan su propósito en la vida.

Me aflige enormemente que alguien dedique su existencia a un trabajo que le hace infeliz o, simplemente, consiga a medias eso que tanto desea de verdad. Entristece observar cómo las ilusiones y expectativas del principio, con el paso del tiempo, se ven sustituidas por un cansancio y escepticismo total. Solo el 30 % de las personas logra la vida que proyectaron, y el 70 % restante sigue esperando que algún día se haga realidad.

¿Sabías que el propósito de vida está codificado en un patrón matemático de tres pasos? ¿Y que, para conseguirlo, solo hay que aplicar una fórmula muy simple? De esto y mucho más hablaremos más adelante, pero antes quiero explicarte quién soy y cómo he llegado hasta aquí.

A los veintiséis años, tomé una decisión que cambiaría mi vida para siempre. Hasta entonces, había tenido un trabajo que no me satisfacía en absoluto. El mundo del autoconocimiento y la búsqueda de respuestas era innato en mí desde muy joven, pero me lo tomaba como un simple pasatiempo que me hacía más feliz. Me había formado de manera autodidacta en una disciplina que luego comentaré, pero que solo ejercía con amigos y sin ninguna intención de sacarle rendimiento alguno.

Disfrutaba enormemente cuando lo hacía, pero me resistía a que fuera relevante para mí. En ningún momento se me pasó por la cabeza que aquel entretenimiento pudiera convertirse en mi profesión.

En aquella época, el compromiso con el trabajo que me daba de comer era muy grande. Y el compromiso con la afición que llenaba mi espíritu, muy pequeño. Mucho más tarde, me di cuenta de este error. Un clásico: pones mucha energía en aquello que no te gusta y se la quitas a aquello que sí lo hace.

En definitiva, todo estaba más o menos en orden. Tenía una vida cómoda, una casa que me encantaba y una profesión que me incomodaba. Entonces, recibí una oferta laboral desde otra parte del país para desempeñar la misma labor que realizaba en Madrid. Y me pareció una buena idea cambiar de aires, conocer gente nueva, recibir otros estímulos... Ingenuo, ¿verdad?

Así fue como me marché a vivir al sur de España creyendo que, en un escenario distinto, sucederían cosas diferentes. Esperaba que un nuevo lugar me diera lo que yo mismo me negaba. Abandoné la empresa y la casa que tenía alquilada. Metí todo en un camión y, sin apenas dinero, llegué a mi destino. Alquilé un apartamento y me dispuse a iniciar mi nueva vida. Y, por supuesto, pasó lo que tenía que pasar: duré veinte días, los mismos que tardé en regresar. Veinte fueron los que necesité para percatarme de que el cambio había sido un inmenso error. Volví sin trabajo, sin dinero y sin un lugar en el que vivir. Y al hacerlo, fui consciente de que el mundo que conocía antes de marcharme se había esfumado.

Años después entendería que, cuando te alejas en exceso del camino elegido, tu consciencia corrige esa desviación mediante cualquier tipo de pérdida. Esta experiencia te devuelve al punto de origen, para que recuerdes quién eres y te hagas cargo de la vida que deseas.

Y al regresar, mi propósito me encontró. Aquella actividad que siempre fue un hobby me salvó la vida. Forzado por la necesidad, empecé a dedicarme de verdad a lo que realmente me gustaba. Aquello que siempre fue un pasatiempo se convirtió en el eje central de mi existencia. Fui consciente de que todo lo que haces por placer es en realidad tu destino, y quedarme sin nada fue lo mejor que me pudo pasar. Ahí comenzó mi vida de verdad.

Mi trabajo consiste en encontrar patrones de información codificados en nuestra fecha de nacimiento, nombre y apellidos. Soy numerólogo. Pronto descubrí que nuestro destino está escrito en los números, que nada sucede porque sí y que todo tiene su razón de ser.

Y te preguntarás: ¿quién escribe nuestro destino? La respuesta es «Nosotros». ¿Quién si no?

Tu vida tiene un propósito que fue elegido por ti. Alcanzarlo es la razón de que existas y estés aquí. Investigar y averiguar esos paquetes de información que te conducen al objetivo deseado es la misión que yo escogí para mí.

Según me adentraba en el misterioso mundo de los números, iba despertándose en mí un talento innato para averiguar y encontrar patrones de información en ellos. Poco a poco, y sin ser muy consciente de este proceso, mis investigaciones fueron dirigiéndose a responder las preguntas «¿Quién soy?» y «¿Cómo logro mi propósito, lo que vine a hacer aquí?», que se han convertido en el núcleo central de mis investigaciones.

Estos interrogantes nacen de un lugar muy profundo en nosotros. De una manera intuitiva, percibimos que son la llave para una vida plena. Si no te conoces a ti mismo, es imposible llegar adonde quieres. La identidad que venimos a manifestar es indisociable de la meta que nos propusimos alcanzar.

Comencé a realizar sesiones individuales. Un mundo nuevo por explorar donde me iba dando cuenta de la necesidad que tenían las personas de encontrar estas respuestas. De una forma u otra, la búsqueda del propósito siempre estaba implícita en sus peticiones. Comprobé el sufrimiento que provoca en uno mismo no atreverte a ser quien eres, ni a vivir de lo que quieres: confusión, pérdida de identidad, desorden emocional y desequilibrios varios. En definitiva, todos con un único punto en común: la falta de sentido que regía sus vidas.

El universo es inteligente y está compuesto de energía consciente. Este orden está implícito en todo lo que observas y el hecho de que no vivas de tu talento es, en realidad, una anomalía. Realizar tu vocación no debería ser algo extraordinario en sí mismo, sino más bien algo que sucediera de un modo natural y orgánico. Comprender que todo depende de ti y que está en tus manos es la mejor noticia que jamás podrás recibir. Eres el responsable de lo que no funciona en tu vida. Sé que esta afirmación escuece, pero no es un juicio: es una realidad.

¿Se te ocurre una noticia mejor que esta? Tú eres el problema y tú eres la solución, y a lo largo de este libro te explicaré qué te impide conseguir tus metas, aunque te parezcan inalcanzables y no sepas cómo llegar hasta ellas. Este mundo fue diseñado para que alcances los objetivos que te has propuesto.

Este libro pretende ser una hoja de ruta donde aplicar los fundamentos necesarios para lograr la vida que queremos. Cada capítulo representa una pieza del puzle con la que alcanzaremos dichas metas y donde explicaremos el significado que tiene cada una de ellas. Lo que vamos a mostrar es un sistema de trabajo que exigirá compromiso e implicación para conseguir los retos propuestos y, a medida que vayamos aplicándolo, comprobaremos cómo los resultados comienzan a aparecer. La idea es que resulte eminentemente práctico y podamos aplicar la información que nos brinda de manera fácil y precisa.

Hablaremos de la importancia de situarnos en la frecuencia adecuada para conectar con nuestro propósito de vida y de cómo el miedo a la sombra condiciona por completo su consecución. Comprenderemos cómo el acto de desear es imprescindible para llegar a alcanzarlo y veremos cómo el apego al deseo origina en nosotros todo tipo de sufrimientos. Averiguaremos también cómo liberarnos de ese apego y de lo esencial que resulta saber quiénes somos, para terminar por revelar que la energía es la llave para conseguir nuestro propósito de vida.

En algunos momentos durante la lectura necesitaremos detenernos y reflexionar; por tanto, no debemos tener prisa. Por otra parte, si tenemos que trabajar específicamente en un tema, tendremos que tomarnos el tiempo que consideremos necesario. Por esta razón, si alguna idea o apartado se nos enquista, nos paralizamos en ella o en él, no debemos preocuparnos: podemos continuar avanzando y las secciones posteriores nos ayudarán a entender mucho mejor esa idea o apartado en que nos hemos encallado.

En cualquier caso, hacia el final del libro resumiremos la clave para la consecución del propósito de vida en una sola frase. Una línea compuesta de unas pocas palabras que explican perfectamente cómo funciona la secuencia y que simplifica la manera de alcanzar los objetivos de vida que nos hemos propuesto alcanzar.

Gracias por estar aquí.

¡Buen viaje!

1

Vibración, frecuencia, observación

La vida no es justa ni injusta, es el reflejo
de nuestro estado de consciencia

Todo es elección

Antes de comenzar este viaje, hemos de establecer unas bases fundamentales para integrar con facilidad la información que compartiremos. Debemos prestar atención a las nociones que vienen a continuación, porque una vez afianzadas estas, la información fluirá en nuestro interior de una manera fácil y orgánica. Corremos el riesgo de no interiorizar correctamente estas premisas tan esenciales y que la mente las interprete en función de sus intereses.

Formamos parte de un sistema ordenado e inteligente en que nada sucede de forma aleatoria o circunstancial; el universo es un campo infinito de energía diseñado para satisfacer nuestras necesidades más íntimas. Dicho esto, la vida nos ofrece dos únicas variables a la hora de interpretar la realidad que vivimos: o bien todo lo que nos acontece tiene un sentido y ocurre por alguna razón, o bien este mundo es un disparate de proporciones colosales en que intentamos subsistir y sufrir lo menos posible. Esto significa que estamos divididos entre dos tipos de personas: las que se responsabilizan de sus circunstancias y las que culpan a los demás de lo que les sucede en su vida.

Todo lo que observamos es energía vibrando en diferentes frecuencias de información y sabemos, gracias a la ciencia, que aquello que percibimos como realidad no es otra cosa que energía vibrando en distintas longitudes de onda. Los aviones, las cuerdas vocales, los edificios, los cristales y, cómo no, las personas demuestran que todo está en constante vibración. Nada permanece estable y en reposo... incluso aquello que parece inalterable en realidad son electrones moviéndose a distintas velocidades. Vibramos en frecuencias, exactamente igual que lo hace una emisora de radio, y este proceso da como resultado la vida que viviremos.

Emitimos constantemente ondas en forma de pensamientos, emociones, creencias... Estas ondas emitidas llegan a un campo de energía al que solemos referirnos como «Dios», y ese campo nos las devuelve materializadas en forma de acontecimientos. Del mismo modo en que estamos compuestos del aire que respiramos, nuestro mundo externo es el reflejo de nuestro mundo interno y, debido a ello, la realidad exterior no existe como algo independiente. Es nuestra creación.

Este universo se diseñó en torno a la libertad de elección, lo que implica que somos seres conscientes con el poder de elegir en cada instante. El libre albedrío es la facultad más preciada con la que contamos. Siempre podemos elegir, con independencia de las dificultades o situaciones en que nos encontremos, y mediante este superpoder configuramos a diario nuestra realidad.

De esto se deriva que la familia, la infancia o el ámbito educacional no sean el origen de lo que somos, sino la consecuencia. El mundo exterior, como hemos dicho, es la respuesta a nuestras elecciones; creer que nuestra identidad es el resultado de un determinado tipo de educación o de las neurosis de nuestros padres nos convertirá, automáticamente, en víctimas suyas y de sus decisiones.

> No somos así por haber nacido en esa familia.
> Por ser así, nacimos en esa familia.

Decir que elegimos a la familia no es del todo exacto, porque en realidad solo podemos acceder a un modelo familiar compatible con nuestro estado de vibración del momento. Es así de sencillo: no es filosofía, son matemáticas. Lo que sí hace el contexto educacional es activar y despertar en nosotros todo aquello que necesitamos resolver y experimentar.

¿Esto significa que lo vivido en la infancia no es relevante o nos lo hemos inventado? No. Esto significa que la infancia es consecuencia y no causa.

Otorgar el poder a los sucesos o traumas acaecidos dentro de la familia son líneas de pensamiento que nos mantendrán atrapados en esa estrecha realidad. Por muy complicados que sean los antecedentes que arrastramos, siempre estará en nuestras manos girar el futuro en la dirección que deseemos. El presente de cada persona contiene, de este modo, todas las experiencias vividas. Estas vivencias pasadas, tanto las resueltas como las que están por resolver, han venido con nosotros hasta aquí. En el primer caso para mejorarlas y completarlas; en el segundo, para liberarnos de ellas de una vez.

Si pudiéramos ver los flujos de energía invisibles, advertiríamos redes infinitas de luz creadas por las ondas que emitimos y cómo interactúan entre ellas formando patrones inteligentes de información. Nuestra mente está diseñada para emitir estas ondas de luz que conforman realidades absolutas y medibles.

> Creamos la realidad con nuestra capacidad
> de observación y elección.
> Creamos la realidad con nuestros
> pensamientos y emociones.

El campo universal está lleno de infinitas posibilidades por explorar, opciones inimaginables que podemos experimentar por más que la mente nos haga pensar que las cosas solo pueden ser de una determinada manera. No existen realidades limitantes y objetivas en el mundo exterior, las cosas siempre son como creemos que son. Las características de una propiedad se las atribuimos nosotros mediante nuestra percepción y, por esta razón, posible o imposible coexisten de forma simultánea hasta que elijamos cuál de estas opciones es para nosotros la realidad.

Este campo universal o vacío, según la física de partículas, está compuesto de energía ilimitada; conectarnos con él representa un acto de consciencia despierta desde el cual pasamos de ser meros espectadores a creadores de la realidad. El tipo de relación que establecemos con este espacio de energía lo decidimos nosotros y nadie más.

Aquello que observamos con la suficiente atención comenzará a cristalizarse en partículas de materia que darán como resultado la realidad observada. La creación existe porque alguien está observando y este acto da como resultado, precisamente, la existencia. Es decir, el mundo exterior existe porque nosotros existimos. Somos así de importantes.

Esta figura que la física cuántica llama «el Observador» es denominada por la filosofía budista como «el Testigo». «Sé el testigo», dice Buda, señalando que este es el principio creador desde el cual dibujaremos una vida consciente en torno a nuestras expectativas y necesidades.

Los números muestran el camino

La numerología es un idioma que me ha costado más de veinticinco años aprender. Una vez que lo he hecho, puedo reconocer en el mundo los modelos energéticos que componen la realidad. Los números de la casa donde vivimos, de la oficina en que trabajamos, etc. Todo es información a la espera de que alguien la observe y la sepa descifrar.

Como instrumento, explica perfectamente este orden existencial, porque en última instancia podríamos decir que la vida se resume en números que portan diferentes rangos de información. Nuestra fecha de nacimiento y nuestro nombre y apellidos, una vez descifrados contienen dentro de ellos mismos el historial o disco duro que trajimos a este plano existencial y al que podemos acceder en busca de las grandes respuestas. Decodificando el mapa numerológico, nos conectamos a los canales de información que nos permiten saber quiénes somos y qué vinimos a hacer a este lugar.

Cada letra de nuestro alfabeto representa un número y, una vez traducidas, se convierten en un cuadro de información que ofrece respuestas a los grandes interrogantes de nuestra existencia. Este mosaico de dígitos, datos, cifras... es fascinante y nos ayuda a comprender mucho mejor nuestro lugar en el mundo. Pitágoras fue la primera persona que comprendió que el número es vibración y que la interacción entre ellos reflejaba los principios universales. El azar o la casualidad son simples formas de bautizar lo que no comprendemos de verdad. Resulta que traemos con nosotros el libro de instrucciones donde están las claves para evitar el sufrimiento, pero la mayoría de nosotros no lo sabemos.

La técnica numerológica contiene una exactitud y precisión absoluta, porque, al fin y al cabo, a la aritmética no se la puede rebatir. Por eso la numerología no es adivinación, es conocimiento. Buscando una analogía, la numerología es como la astrología, pero con números en vez de planetas, y el objetivo de ambas disciplinas es el de arrojar información a las tinieblas de una vida sin consciencia. A través del cuadro numerológico, por tanto, accedemos al campo de información donde está escrito el destino elegido por nosotros.

Si la observamos, la vida está compuesta por patrones que podemos apreciar allá donde miremos: en la naturaleza, en los colores, en la luz, en el agua... Todo está conformado con estas líneas de información que demuestran que la aleatoriedad no existe y que todo tiene una lógica maravillosa de la que formamos parte fundamental.

El cuadro numerológico se compone de 36 números principales donde está contenida la información necesaria para poder ser quienes somos y experimentar la vida que deseamos. Después de años de investigación, hemos podido simplificarlo en una secuencia numérica de tres dígitos, que deberemos aprender a aplicar y que iremos desvelando en los diferentes capítulos del libro.

¿Qué hacemos aquí?

Una vez entendido el entramado inteligente del que formamos parte y lo fundamental que resultamos para él, debemos preguntarnos: «¿Qué hemos venido a hacer aquí? ¿Qué papel venimos a desempeñar a este mundo?».

La respuesta es sencilla: hemos venido a jugar...

Estamos aquí para expresar una identidad y manifestar un propósito. Este planeta es un simulador virtual donde cada uno de nosotros decidió experimentar un cuerpo, sentir unas emociones, desarrollar unos talentos y cumplir una misión.

Nuestro futuro está codificado en los primeros nueve años de vida y, a partir de este ciclo, nada sucede por primera vez. Todo es repetición y lo que experimentamos desde ese momento no son situaciones nuevas, sino acontecimientos ya vividos que manifestaremos en un nivel superior. La vida nos recuerda con estas repeticiones que ya lo sabemos todo y que dentro de nosotros tenemos toda la información.

El universo es, por tanto, un videojuego en toda regla con diferentes pantallas o esferas que hay que superar. Según vamos ascendiendo hacia los niveles superiores del juego, la partida se pone cada vez más interesante, las emociones se incrementan y nuestro ser consciente se divierte más y más. Las vibraciones son escalas y vienen a ser el equivalente a las distintas plantas que componen un edificio. Las plantas superiores representan las vibraciones altas y las plantas inferiores, las vibraciones bajas.

Por consiguiente, cuanto más arriba nos encontremos, más alta será la vibración, y, cuanto más abajo, más baja. Ello significa que, vibrando alto, nuestra vida se muestra realizada; por el contrario, vibrando bajo, el desorden se impone en ella. El objetivo es llegar a la pantalla final sin hacernos daño ni hacérselo a los demás, ese fue siempre el plan.

Esta experiencia, sin embargo, comportaba un peligro fundamental para todos los que nos atrevimos en su día a participar en esta aventura: quedarnos atrapados en el sueño de la forma, en la experiencia física, olvidando lo que en esencia somos y desconectándonos de la verdadera razón de estar aquí. En definitiva, nos creímos la mente y el cuerpo y llegamos a olvidar por completo que somos consciencia espiritual experimentando una vida terrenal.

A partir de ese momento, el sacrificio y el sufrimiento empezaron a tener más presencia en nuestras vidas. Apareció el ego, el falso «yo» creado por la mente, y lo que en un principio fue jugar y experimentar, se convirtió en supervivencia, surgió la división entre las personas, la lucha por el territorio, por dominar a los demás. Desde ese momento el miedo empezó a dirigir y condicionar nuestra existencia.

Durante todo este caminar, perdimos de vista lo verdaderamente importante, aquello que otorgaba sentido a la experiencia. «Somos consciencia infinita y estamos aquí para experimentar una identidad y cumplir un propósito en la vida».

¿Cuál es mi vocación?

Muchas personas desconocen sus aptitudes profesionales y no deberían buscarlas examinando el futuro, sino volviendo su mirada hacia el pasado. Las capacidades que todos poseemos son intrínsecas en nosotros y ese talento que deseamos localizar no es algo que nos venga desde fuera, sino más bien algo que dejamos surgir desde dentro. Huelga decir que lo vocacional es aquello que haríamos sin recibir nada a cambio, a diferencia de trabajar, que solo lo hacemos porque nos pagan por ello.

Por esta razón los primeros nueve años de vida son

tan relevantes para todos nosotros. Aquello a lo que un niño juega, dedica su tiempo y absorbe toda su atención es lo mismo a lo que querrá jugar y dedicar su tiempo cuando sea mayor. Recordemos que estamos aquí para expresarnos y disfrutar. La palabra «jugar», una vez más, es el portal de acceso para reconocer dicho potencial. Todos conocemos a ese chico que pide por su cumpleaños un coche de policía, cuya película favorita tiene esa temática y que, además, admira a un vecino que desempeña esa profesión.

¿Esto significa que la profesión de policía será su vocación?

No necesariamente, pero como mínimo sería una profesión de servicio público donde los uniformes y la ayuda a los demás sean el eje vertebrador.

Otra manera para encontrar esas pistas perdidas consiste en comprender que toda la simbología que nos rodeaba en aquellos primeros años no era en absoluto fortuita. Nombres de lugares que han sido significativos, colegios a los que hemos asistido, profesiones de los padres... son paquetes de información que debemos rastrear cuando estamos buscando quiénes somos y cuál es nuestra misión en la vida.

Pondré un par de ejemplos propios: el nombre de la calle en la que viví mis primeros tres años de vida ya anticipaba mi profesión, era una zona de Madrid donde todas las calles tenían nombre de número. Mi calle en este caso era la 14, y ahí estaba codificada una parte de mi información futura. De haberlo observado, igual habría comprendido que los números no estaban en mi vida solo como un pasatiempo y, quizá, habría podido evitar la experiencia que te conté al principio del libro.

La segunda analogía relacionada con mi vocación tiene que ver con la profesión que mi madre dejó de ejercer cuando se casó y se dedicó a su familia. Su talento estaba vinculado a la costura y, aunque jamás volvió a retomar ese camino, nunca lo abandonó del todo y en los ratos libres que tenía disfrutaba haciéndose ropa para ella misma.

Y te preguntarás «¿Qué tiene esto que ver con ser numerólogo?». Pues muy sencillo, tanto ella como yo trabajamos con patrones. Ella diseñaba sus propios patrones para cortar la ropa y coserla después, y yo investigo los patrones de información que están diseñados en nuestra fecha de nacimiento, nombre y apellidos.

Como estamos comprobando, el universo funciona mediante analogías. Por eso nos resulta tan difícil encontrar esos hilos perdidos del pasado, ya que estamos buscando en la literalidad lo que deberíamos buscar en la semejanza. Analógico es todo aquello que comparte elementos comunes entre sí, y poder comprender este principio es de vital importancia para averiguar nuestro talento particular. Daría la impresión de que deberíamos realizar un trabajo de introspección y casi terapéutico para recordarnos a nosotros mismos quiénes somos cuando, en realidad, es mucho más fácil que todo eso. Aquella vocación que deseamos activar la tenemos frente a nosotros desde esos primeros años de vida.

¿Y por qué no vemos la vocación si de verdad está tan a la vista? Porque no la queremos ver.

¿Y por qué no la querríamos ver si la estamos buscando? Por miedo, por qué iba a ser.

La dificultad para descubrir la vocación no deriva, por consiguiente, de que sea difícil de rastrear, sino que está condicionada por el miedo a querer encontrarla. Más adelante explicaremos en profundidad cuál es el miedo que tanto delimita nuestra vida y que nos está impidiendo manifestar la vocación que tanto deseamos.

Mi propósito de vida consiste en ayudar a que las personas consigan el suyo. Amo el talento y no hay nada en el mundo que me haga más feliz que contribuir con mi trabajo a que el potencial de los demás pueda brillar. A lo largo de los años, y sin pretensión alguna por mi parte, la mayoría de las personas que iban apareciendo por mi consulta estaban relacionadas con el mundo de la comunicación: actrices, directores, periodistas, músicos, directivos de los medios...

Asimismo, profesionales del mundo del autoconocimiento como profesores de yoga, terapeutas o psicólogos también lo hacían, interesados en cómo visibilizar y comunicar de una manera más efectiva sus carreras. Curiosamente, personas de otros ámbitos tales como abogados, ingenieros o empresarios nunca reclamaron mis servicios de forma directa.

Me resultaba muy curiosa esta circunstancia y me preguntaba a mí mismo: «¿Por qué mi actividad queda circunscrita a un escenario tan concreto como el de la comunicación? ¿Qué sucede que no conecto con otros escenarios profesionales?».

La solución a este enigma es muy sencilla y ya la hemos anticipado al explicar por qué nacemos en una familia y no en otra. La respuesta nos la ofrece una vez más la física de partículas: en el universo todo está vibrando, todo es energía que vibra en diferentes frecuencias de información, y por esta razón solo resonamos con aquellas frecuencias compatibles con la que hemos elegido experimentar.

Mi campo de frecuencia, como habrás podido adivinar, es el de la comunicación. Es el que escogí para mí, aunque cuando lo hice aún no era plenamente consciente de dicha elección. El arte, la estética, las emociones... todo me gusta de él. Visto en perspectiva, tiene todo el sentido del mundo que mi energía esté conectada a ese campo y no a cualquier otro, porque es el escenario donde decidí manifestar mis talentos.

Puesto que siempre estamos vibrando en una frecuencia de información concreta, esta señal que emitimos se conectará a los campos de frecuencia que son compatibles con ella. Se parece a cuando nuestro teléfono está buscando redes wifi a las que engancharse. Esta es la razón por la cual atraemos a perfiles similares a nuestra vida, personas que se llaman igual, rasgos físicos parecidos o formas de comportamientos muy similares.

Lo podemos comprobar en las cuestiones sentimentales, donde se observa perfectamente cómo las personas que nos enamoran manifiestan patrones comunes entre sí. Y puede que pensemos «Atraigo al mismo tipo de pareja porque es la que me gusta», y cierto es, porque el tipo de relación que deseamos refleja la frecuencia que hemos elegido experimentar. Si lo que atraemos a nuestra vida no nos gusta, tendremos que cambiar de frecuencia y elegir aquella que nos conduzca a un lugar diferente.

ENTRA EN TU FRECUENCIA

Mediante la elección, accedemos a cualquiera de las distintas frecuencias existentes. Cada propósito de vida tiene su propio lenguaje y para sintonizarnos con él tendremos que entrar en su mismo rango de frecuencia.

A través del acto de elegir, definiremos el marco estructural donde desarrollaremos el propósito y la vocación. Es decir, nos integraremos en los modelos de vida que escojamos, así de simple. El campo de frecuencia representará, por tanto, el escenario donde experimentaremos la vida que elegimos para nosotros.

Cada modelo de vida que observamos representa una frecuencia de vida diferente, a saber: arte, ciencia, deporte, negocios, empresas, comunicación, espiritualidad, etc., etc. Todos ellos son campos de frecuencia de los que formaremos parte con el acto de elegirlos. Esto es, la frecuencia es el escenario de vida donde vibramos a diario, porque representa donde tenemos depositada la atención.

Por otro lado, algo que nos sucede de manera repetida es cuando vibramos en una frecuencia inadecuada porque no nos atrevimos a elegir la adecuada. Si esto ocurre, no debemos esperar a que la situación se resuelva por sí misma. La manera en que nos liberamos del escenario actual es escogiendo aquel que deseamos de verdad. Esta afirmación podría parecer una obviedad, pero podemos comprobar la cantidad de personas que se pasan la vida quejándose y sin hacer nada por cambiar las condiciones de vida que hacen imposible su felicidad.

Si nuestro deseo es ser terapeutas y debido a nuestras resistencias estudiamos arquitectura, convertiremos la terapia en una simple afición. En estos casos, la solución residirá en reconocer que hemos elegido mal y elegir nuevamente para entrar, así, en la frecuencia de vida original. Que parezca que no está en nuestras manos o que no podemos hacer nada por cambiar la situación es un mecanismo de resistencia que ejerce la mente para que todo siga igual. Siempre se puede y nunca es tarde, porque el tiempo no deja de ser un precepto mental. Todo es aquí y el mejor momento para reconducir nuestra vida, por supuesto, es ahora.

¿Podemos tener otros trabajos hasta que conquistemos el que realmente deseamos? Por descontado, mientras no equivoquemos nuestro escenario de vida principal.

Desarrollar otra ocupación hasta alcanzar el propósito deseado en ningún caso será un inconveniente, más bien todo lo contrario, porque erradicará la prisa y ansiedad de querer obtenerlo ya. Lo que debemos tener muy claro es que ese trabajo alimentario deberá ser un canal secundario al servicio de la meta principal. Tener bien definido el objetivo y no perdernos en la ocupación que nos da estabilidad es clave para no quedar atrapados en esa segunda prioridad.

Siempre podemos elegir, ya lo dijimos al principio, aunque es un concepto sobre el que seguiremos insistiendo porque la consecución del propósito se construye sobre esta posibilidad. Nuestro modelo de vida actual, por tanto, está reflejando aquello que desde el pasado escogimos y observamos. Debemos ser conscientes de que, con cada elección tomada, estamos delineando nuestra realidad. Nosotros decidimos dónde ponemos la energía y el campo responde a nuestra petición.

> Nuestro presente es la consecuencia de todas
> nuestras elecciones pasadas.
> Nuestro futuro será la consecuencia de todas
> nuestras elecciones presentes.

Vibra en tu frecuencia

Una vez decidido en qué frecuencia de vida vamos a expresar nuestros talentos, necesitamos conocer el instrumento con el que subiremos o bajaremos de vibración. Esta herramienta de la divinidad se llama «energía» y es el combustible que necesitamos para entrar en sintonía con el objetivo. Cada propósito de vida conlleva en sí mismo un nivel de dificultad diferente: cuanto más alta y exigente sea la cima que queremos conquistar, más energía necesitaremos para poder llegar hasta ella.

Existen dieciocho esferas de frecuencia o pantallas —niveles— diferentes del juego que responden a nuestra voluntad de utilizarla. La energía asciende o desciende dentro de la frecuencia como si de un termostato se tratase. Según nos dirijamos hacia los niveles más altos, los grados de dificultad se incrementarán y deberá acrecentarse la energía en esa proporción para poder completar la partida. Cuando vibramos en los niveles inferiores del juego, la energía adquirirá cada vez más densidad, volviéndose más pesada y compleja, y nos sumergirá en la parte más sacrificada de la experiencia.

Las ondas de energía que nos conducen a vibraciones superiores tienen en su naturaleza ser muchas, coherentes y continuas. Por tanto, son armónicas, sensatas y confiables, y manifiestan orden y equilibrio en nuestro mundo. Queda reflejado cuando estamos buscando aparcamiento y lo encontramos a la primera, o cuando necesitamos un trabajo y alguien se acuerda de nosotros para ofrecérnoslo.

Por el contrario, las ondas de energía que nos conducen a vibraciones inferiores tienen en su naturaleza ser pocas, dispersas y discontinuas. En consecuencia, son confusas, desordenadas e impredecibles, y manifiestan caos y desequilibrio a nuestro alrededor. Desvelan su presencia cuando elegimos la ruta incorrecta y quedamos atrapados en un atasco, o cuando el trabajo que esperábamos se cae a última hora y terminamos por perderlo.

Para conseguir las metas deseadas, los átomos y moléculas deben vibrar en la misma frecuencia que el objetivo. Por eso, en infinidad de ocasiones nos frustramos cuando después de poner la mejor de las actitudes, las cosas no terminan saliendo como esperábamos. Es una cuestión matemática. Si nuestro campo de vibración, poniendo un ejemplo, es de 3,5, será materialmente imposible que accedamos a cualquier objetivo que vibre en 3,8. Sería el equivalente a desear un coche que vale cuarenta mil euros cuando el dinero del que disponemos para pagarlo es de veinte mil. El campo universal nos responde igual que lo haría el vendedor del concesionario. Imaginemos el diálogo, sería algo así:

COMPRADOR: Deseo comprar el coche rojo del escaparate, pero solo tengo la mitad del dinero. La parte restante, la puedo pagar con predisposición y buena voluntad.

VENDEDOR: Me parece fenomenal, pareces un tío estupendo y se te ve con ganas de prosperar en la vida. Cuando tengas el resto del dinero me avisas y te podrás llevar el coche.

Podríamos pensar con este ejemplo que el verdadero problema del comprador es, sencillamente, una cuestión de insuficiencia económica para adquirir el vehículo que tanto desea. Cuando la verdadera interpretación sería que el dinero que no tiene es, en realidad, energía que le falta. Cuantas más ondas de energía y más coherentes sean, más posibilidades tendremos de experimentar la vida que deseamos. El grado de abundancia que poseemos siempre está reflejando la cantidad y calidad de la energía que estamos utilizando.

El campo universal, por consiguiente, nunca juzga las pretensiones de ninguno de nosotros, ni tampoco cuestiona las aspiraciones de nuestro comprador por querer poseer un vehículo que cuesta el doble de lo que puede pagar. Simplemente le recuerda que, si quiere conquistar ese objetivo, tendrá que entrar en la misma frecuencia de vibración que ese mismo deseo contiene. Si la alta vibración energética nos ofrece un mundo de salud, abundancia y equilibrio, la baja vibración, por el contrario, siempre será motivo de enfermedad, carencia y sufrimiento. No se trata de asustarse, pero es esencial entender que vibrar bajo atrae lo bajo.

¿Esto significa que lo bajo es malo? No. Lo bajo es menos, igual que lo alto es más.

Vibra en tu talento

Nuestra frecuencia de vibración es un imán que atrae todo lo semejante y que se pone de manifiesto en todas nuestras áreas de vida, pero quizá uno de los escenarios donde puede apreciarse con más claridad sea el del mundo profesional.

Imaginemos por ejemplo el caso de Carlos, un actor de treinta y cuatro años que lleva los últimos diez intentando vivir de su profesión sin mucha fortuna por el momento. Los trabajos que le permiten mostrar su arte son pequeños papeles y de poca duración. Continúa haciendo cursos de formación pensando que estar más preparado le ofrecerá la oportunidad que está buscando. Renueva sus fotos cada cierto tiempo, envía material nuevo a los directores de casting y sigue buscando un representante que le consiga pruebas que le permitan vivir de la interpretación.

Por supuesto, tiene un trabajo alternativo que, al principio, pensó, solo era para poder mantenerse, pero después de tantos años se ha convertido en su modelo de vida principal. Lo que empezó siendo un sueño se ha ido convirtiendo, poco a poco, en una pesadilla. Se desespera de su mala fortuna y, con cada oportunidad fallida, se vuelve cada vez más escéptico. Después de intentarlo por todos los medios posibles, comienza a pensar que, probablemente, su destino consista en dedicarse a otra cosa y abandonar su vocación.

Lo que Carlos desconoce es que las ondas de energía que está emitiendo y que le impiden alcanzar las metas que se ha propuesto son intermitentes, escasas y desordenadas. Sus propias emociones le hacen desanimarse con demasiada facilidad y se desconecta de su propósito muchas más veces de las que él cree. Además, se desconcentra en exceso dirigiendo su energía hacia áreas de su vida que restan atención al propósito original. Por supuesto que hay momentos en los que siente que lo va a conseguir y esa mañana se levanta con ganas de comerse el mundo. Eso sucede cuando sus ondas están mucho más alineadas con su intención, como lo demuestra el que las cosas fluyan mucho mejor.

El verdadero problema es que su energía sube y baja con demasiada facilidad, pero no se mantiene en ese punto concreto que le haría entrar en conexión con la frecuencia de vibración de su objetivo. Es decir, que al protagonista de nuestra historia le falta constancia y le sobra dispersión. Esta montaña rusa energética de «hoy voy a por todas y mañana me desfondo» es una de las principales causas de la decepción de las personas con sus vidas.

Energía. Es increíble cómo nos cuesta tanto llevar a la práctica algo tan sencillo. Figuradamente, se podría decir de las personas que triunfan, de todas ellas sin excepción, que tienen un muelle en la barbilla que hace que, cuando quieras girársela en una dirección opuesta al objetivo, esta vuelva a su posición inicial, de manera que su mirada se enfoca reiteradamente hacia la meta que desean conquistar.

Un ejemplo de ello es el de María, una actriz que, cuando llegaba al gimnasio a las ocho de la mañana, todos los días se cruzaba en la puerta con un actor muy exitoso que abandonaba el centro una vez terminada su rutina. Ello significaba que dicho actor habría comenzado a entrenar sobre las seis y media y que, por tanto, se habría levantado como mínimo a las seis de la mañana.

¿Qué tiene esto de relevante? Pues que no se lo encontraba unos días sí y otros días no, a horas diferentes o solo un par de meses al año. Salvo que estuviera trabajando, se lo encontraba todos los días a la misma hora y durante todo el año. Esto muestra que las ondas del actor, tanto como las de la actriz, eran muchas, coherentes y continuas.

Por cierto, este artista es poseedor de dos premios Goya de interpretación. Y al cabo de unos años María recibió ese premio también...

> La clave para vibrar en un campo de frecuencia
> determinado es la elección y la energía.

El escenario original

Todas las personas tenemos un escenario de vida idóneo para la manifestación de nuestros talentos. Ello significa que no todos los lugares son igual de válidos para poder realizar nuestra misión en la vida. En algunos casos el lugar no es especialmente relevante y en otros es innegociable y sería imposible manifestar el propósito en un lugar diferente.

Puesto que el escenario no es el mismo para todos, se hace imprescindible que tengamos unos modelos mentales abiertos para observar las infinitas posibilidades que se ofrecen ante nuestros ojos. Por supuesto que muchas personas van a realizar sus talentos en sus lugares de origen, pero otras muchas, no.

Ramón es un hombre cuyo camino desde un principio

parecía decantarse por una vida más o menos convencional. Estudió la carrera de Historia y, al terminarla, aprobó un examen que le permitía dar clases en la universidad. Hasta ahí, todo apuntaba a que acabaría siendo profesor y enseñaría el resto de su vida.

Pero, poco a poco, algo empezó a despertarse en su interior, y lo que parecía una vida previsible se fue convirtiendo en impredecible. Sentía en su interior una enorme vocación para ayudar a los demás y un impulso feroz de ser útil a los más necesitados. Era una llamada interior que no había satisfecho dando clases en la universidad. Profesaba una gran admiración hacia la obra de Vicente Ferrer, el cooperante español que antes de su fallecimiento había mejorado la vida de dos millones y medio de personas en la India.

Aquí ya se podía adivinar por dónde iban a ir los tiros. «Dime a quién admiras y te diré quién eres».

Comprendió que su frecuencia no vibraba acorde con la de España y, por tanto, su misión solo podría realizarla en el extranjero. México era un lugar en que había estado de vacaciones, así que le pareció un buen sitio para empezar a buscar un destino relacionado con su pasión. Hay que recordar que carecía por completo de formación relacionada con el sector humanitario, pero como la realidad se manifiesta de formas impredecibles, ahora veremos lo que sucede cuando se alinea el propósito de vida con la frecuencia y la vibración adecuadas.

Dejó su trabajo, la casa y se marchó rumbo a su nueva vida.

Llegó a Mérida y empezó a trabajar como profesor en una escuela de español para americanos. Mientras tanto, empezó a prestar ayuda en algunas ONG locales, lo que le permitió relacionarse con personas del mundo de la cooperación y la ayuda humanitaria.

En todo este proceso comenzó a colaborar con una casa de migrantes regentada por frailes franciscanos llamada La 72 y situada en el estado de Tabasco, a siete horas en coche de la ciudad en que vivía.

No tenía una labor definida dentro del albergue, simplemente ayudaba en todo lo que fuera necesario y, poco a poco, fue estableciendo una relación de absoluto compromiso con el proyecto. Después de un año y medio de idas y venidas, el religioso a cargo de este proyecto humanitario le ofreció convertirse en el director de la casa. Un puesto de trabajo para el que no tenía formación oficial, pero en el que había demostrado una valía e iniciativa que el responsable supo ver.

A lo largo de todos los años en que ha ejercido ese cargo, ha dado conferencias en distintos lugares del mundo como Ginebra, Boston o Nueva York, se ha convertido en una de las voces del proyecto y ha mostrado al mundo las aberraciones contra los derechos humanos que se están perpetrando en esa parte del país azteca.

Las conclusiones que podemos sacar de esta experiencia son varias. En el caso de Ramón, la tarea llevada a cabo en México probablemente hubiera sido imposible de realizar en este primer mundo, debido a que su formación académica no tenía ninguna relación con su verdadera vocación.

Otra lectura importante dentro de esta historia es que, si una vez reconocido el campo de frecuencia donde desarrollar sus capacidades se pone a especular, dispersarse y tomar tequila, nada de lo conseguido habría sido posible. En este caso, las ondas emitidas serían de baja vibración y lo más probable es que las cosas no hubieran funcionado y hubiera tenido que regresar a España.

El propósito de vida tiene una configuración única y personal diseñada por nosotros. No hay dos propósitos iguales en el mundo, del mismo modo que no hay dos personas idénticas. En muchas ocasiones esperamos que las circunstancias se adapten a nuestras necesidades, o bien no estamos dispuestos a aplicar la energía necesaria para conseguir lo que queremos. Por eso es tan importante reconocer si el escenario en que estamos ubicados permite la manifestación de los talentos y, en caso de no ser así, tomar decisiones para poder dirigirnos hacia él.

¿Cómo se cambia de frecuencia entonces? Ya lo hemos dicho, eligiendo una nueva.

¿Cómo se elige una frecuencia diferente a la actual? Observando una nueva.

Así pues y a modo de resumen, hemos dicho que el

campo de frecuencia en que estamos ubicados es la consecuencia de nuestras elecciones, que con cada elección que tomamos vamos diseñando nuestro modelo de vida y que dentro de la frecuencia se vibra a través de la energía. Esto nos lleva directamente a una figura fundamental para configurar la vida que queremos: «el Observador».

El Observador

Si nuestro superpoder es el acto de elegir, el Observador y la capacidad de observación hacen posible la manifestación de dicho poder. Es decir, para poder elegir antes hay que observar, ¿no es cierto?

La observación y la elección son el yin y el yang del camino que estamos recorriendo. Una unidad en perfecta simbiosis que representa el poder para organizar los átomos de la energía a voluntad, creando, de este modo, experiencias y realidades a la carta. El Observador representa la consciencia y la facultad de observar el bien más preciado que tenemos. Mediante la observación accedemos al campo universal de energía, o lo que la física de partículas denomina «campo cuántico».

¿Qué entendemos, entonces, por «campo cuántico» o «campo universal»? Representa un vacío o espacio de información compuesto de energía ilimitada. Vendría a ser una especie de almacén energético, donde no solo puedes obtener artículos conocidos, sino que, además, puedes conseguir aquellos que aún no conoces o, mejor todavía, crearlos tú mismo. Lo que existe dentro de este increíble espacio es energía sin forma que nosotros moldeamos con nuestras observaciones y elecciones. Este poder fundamental nos permite construir la vida que queremos a partir del simple acto de observarla y elegirla. Al estar dominados por la mente pensante, en la mayoría de los casos estamos desconectados de las inmensas posibilidades que están frente a nosotros funcionando de manera permanente con el piloto automático.

Este campo de energía es tan grande o pequeño como sea la capacidad de observación que poseamos, y se convierte así en un reflejo de nuestras percepciones. No deja de ser curioso que, en vez de ser «algo» que tenga una longitud, diámetro o peso definidos, sea «la nada» que se adapta a cómo lo percibamos o creamos que es.

Lo que percibimos cuando observamos el mundo son posibilidades que coexisten de manera simultánea y, mediante el acto de elegir, las transformamos en realidades. Para generar cambios en el presente, necesitaremos absorber nueva información que solo recibiremos observando, y la información que elijamos será la que crearemos como realidad. La observación y la elección son, por tanto, un acto de creación.

La mente piensa y la consciencia observa. El pensamiento funciona con parámetros conocidos, indistintamente de que sean beneficiosos para nosotros; la consciencia, por el contrario, observa las inmensas posibilidades que tenemos a nuestra disposición. Esta incapacidad de observar es, quizá, la mayor lacra que arrastra el ser humano. Vendría a ser como pasar frío en casa porque no estamos observando que la calefacción está desconectada. A todos nos ha pasado buscar en el frigorífico el bote de tomate y, después de un rato mirando y de pensar que se ha acabado, nos hemos percatado de que lo teníamos justo delante de nuestras narices. Tenemos desentrenada la facultad de observar y eso nos condena a vivir más enfocados hacia el pasado que hacia el futuro.

Se parece mucho a ir por la vida mirando hacia el suelo, en vez de mirar hacia el frente, lo que genera en la persona la sensación de que el mundo es pequeño y limitado. Perdemos, así, la oportunidad de observar lo infinitas y profundas que son las variables que disponemos para configurar la vida que deseamos.

«Ver» es lo opuesto a «observar», igual que «oír» es lo opuesto a «escuchar». Del mismo modo que podemos estar oyendo lo que alguien está diciendo, pero no estamos escuchando, sucede igual cuando estamos viendo algo, pero, en realidad, no lo estamos observando. Allí donde ponemos la atención estamos poniendo la energía, porque aquello a lo que dedicamos atención crece en nuestro interior y se manifiesta en el exterior.

Cuando observamos lo conocido, estamos repitiendo el pasado; cuando observamos lo desconocido, estamos creando el futuro. Observando lo inexplorado diseñamos y accedemos a nuevas posibilidades de creación. Por tanto, cuanto más observamos lo que tenemos delante, menos observamos lo que tenemos detrás y de esa forma nos liberamos de las frecuencias indeseadas del pasado.

> Vivimos la vida que somos capaces de observar.
> Aquello que estemos observando y eligiendo será nuestro futuro.

Como hemos comentado, la manera objetiva de salir de la frecuencia de vibración que no nos satisface es a través de la capacidad de observar y elegir una nueva. Por consiguiente, desarrollando la capacidad de observación nos convertimos en dueños absolutos de nuestra realidad y dejamos de ser marionetas de las circunstancias del exterior. Huelga decir que lo que no se observa no existe y, por el contrario, cuando algo es observado pasa de ser una posibilidad a convertirse en una realidad.

Resulta fascinante la premisa de que el campo universal está repleto de información que solo aparece cuando se observa. Se parece al «¿Qué pedimos hoy para cenar?», pregunta a partir de la cual podemos acabar recibiendo el pedido de un restaurante que ni siquiera sabíamos que existía y que estaba codificado como información en la aplicación del teléfono móvil.

Este concepto de la física aplicado a la vida real tiene múltiples utilidades para cualquiera de nosotros. El hecho de comprender que nuestro mundo será lo que elijamos observar nos abrirá unas posibilidades ilimitadas para poder experimentar el propósito de formas inimaginables. Todas las limitaciones están en nuestro interior, recordemos que el mundo es un espacio de energía ilimitada a la espera que nuestras peticiones.

Observar y elegir son el equivalente a tener en nuestros bolsillos un cheque en blanco. Entendiendo esta metáfora, podremos contemplar ese campo de posibilidades infinitas siempre dispuesto a ofrecernos y satisfacer lo que seamos capaces de imaginar. Debemos evitar quedarnos en lo previsible y arriesgar mucho más, atravesando así los juicios y resistencias que nos condenan a una vida pequeña y limitante.

De acuerdo con esto, cualquier cambio importante que deseemos introducir en nuestra vida pasará inevitablemente por recibir nueva información que generará formas nuevas de pensamiento y de percepción de la realidad. La información hará que observemos aspectos desconocidos y tomemos decisiones basadas en estos nuevos fundamentos.

Hemos oído muchas veces esa frase de «La información es poder», y es tremendamente cierto que es así. Si la información que observamos es la misma de siempre, la realidad que viviremos será la misma también. Cuanto más liberemos nuestra mente, más elementos de juicio tendremos para tomar decisiones conscientes y menos manipulados por el ego colectivo estaremos.

Con la información se mediatiza y condiciona aquello que la persona percibe como realidad. Las noticias que recibimos a través de las diferentes redes sociales se han diseñado a la medida de nuestros gustos e intereses, puesto que el algoritmo detectará cuáles son las preferencias políticas, los entretenimientos o libros que nos gustan... y filtrará toda la información existente para que se ajuste a nuestros deseos. Por eso es tan importante no dejar de observar porque, de hacerlo, será el sistema el que elija por nosotros y decidirá qué percibiremos como realidad. Cuanto más observamos, más libres somos.

Podríamos decir sin miedo al error que las personas que ya han observado y elegido su propósito de vida han conquistado los primeros niveles del juego. Por esta razón, habiendo identificado la vida que deseamos experimentar, tenemos la confirmación de que nuestro Observador ha despertado del sueño del ego y que el camino hacia la consecución del objetivo es imparable a partir de ese momento. Cuanto mejores observadores seamos, más consciente y rica en experiencias se volverá nuestra existencia.

2

La sombra

La sombra es luz que aún
no es consciente de sí misma

EL NACIMIENTO DEL MIEDO

Continuamos este viaje adentrándonos en la causa que nos impide vivir la realidad que deseamos y que genera en nosotros sufrimientos de infinitos tipos. Se trata del principio energético que condiciona la existencia huma na y que sin darnos cuenta mediatiza las decisiones que tomamos. Nos hemos acostumbrado a que forme parte de nuestra vida y desde esa invisibilidad determina los resultados que obtenemos.

Todo aquello que nos impide expresar la identidad y conquistar el propósito de vida es el miedo. Cualquier profesional del mundo del autoconocimiento sabe bien que los síntomas que generan sufrimiento en el sistema emocional surgen de ese único lugar. Lo que no queda tan claro a partir de ese momento es a qué le tenemos tanto miedo, porque supuestamente podemos acumular muchos y diversos, a saber: al abandono, a que no nos quieran, a la pérdida, al fracaso, al éxito, a los aviones, al dinero, a la pobreza...

No existe la palabra «miedos» en plural. Esto debe quedar muy claro, porque la realidad objetiva es que nuestra vida viene marcada por un único miedo, aunque parezcan muchos porque adopta formas diferentes. Cuando te cambias de ropa no eres distintas personas, eres la misma, pero con diversas vestimentas. Con el miedo pasa exactamente igual: se manifiesta de infinitas maneras y, sin embargo, es el mismo ataviado con todo tipo de ropajes.

Esto simplifica bastante la ecuación una vez identificada la naturaleza de lo que tanto nos angustia. Como es habitual, a la mente le encanta pensar que será una tarea ardua y casi imposible de llevar a cabo, pero nada más lejos de la realidad, porque, por muy difícil que parezca, el hecho de que nuestra vida esté marcada por un único miedo ya suena fenomenal.

¿De dónde surge, por tanto, ese nudo emocional que proviene del pasado y que irá con nosotros hasta el futuro si no lo resolvemos antes?

Ese miedo único y principal tiene una clara procedencia, una razón de ser: para poder conquistar el propósito de vida deseado, nuestra identidad fue diseñada con dos energías totalmente opuestas y complementarias entre sí. Sus nombres son energía masculina y energía femenina, y representan los patrones energéticos a través de los cuales manifestamos lo que vinimos a hacer aquí. Cada una de estas fuerzas vibra y se expresa en tres niveles de frecuencia diferentes:

Energía masculina alta invasiva	Energía femenina alta abusiva
Energía masculina central responsable	Energía femenina central comprometida
Energía masculina baja invadida	Energía femenina baja abusada

Por consiguiente, el origen del miedo en todos y cada uno de nosotros siempre radica en la posibilidad de no dominar o utilizar responsablemente la energía masculina alta, o masculina baja, o la energía femenina alta o femenina baja, que necesitamos emplear para conseguir el propósito de vida deseado. La energía en su estado central también es fundamental para alcanzar nuestras metas, pero en ningún caso nos supone ningún problema a la hora de manejarla.

Esto significa que, si no dominas tus energías altas, tanto masculina como femenina, invades y abusas con ellas y que, si no dominas tus energías bajas, tanto masculina como femenina, te dejas invadir o abusar desde ellas.

Masculina y femenina establecen entre ellas una simbiosis perfecta y a través de su esencia y composición creamos las realidades que deseamos construir dentro de la experiencia. Son complementarias e inseparables y las necesitamos para conquistar los distintos niveles del juego, lo que significa que estas energías representan el yin y el yang de la creación. Enseguida explicaré sus características para que sepas bien de qué hablamos.

Resumido sería así:

- Tenemos miedo a invadir y avasallar.
- Tenemos miedo a abusar y manipular.
- Tenemos miedo a dejarnos invadir y avasallar.
- Tenemos miedo a dejarnos abusar y manipular.

¿Podemos tener miedo a las cuatro polaridades a la vez? No. Solo a una de las cuatro.

¿Puede cambiar con el tiempo y mutar de una a otra? No. Siempre le tenemos miedo a la misma.

ENERGÍA SIN CONSCIENCIA

No emplear con responsabilidad la energía es devastador, tanto para quien la utiliza como para quien la padece. Se traduce en infinitas formas de sufrimiento: drogas, alcoholismo, abusos sexuales, autodestrucción, accidentes, dependencias emocionales, secuestros, robos, *bullying*, acoso laboral, violencia extrema y victimismos varios. Cualquier suceso trágico que veas en televisión revela que alguien fue incapaz de dominar o controlar su energía en una situación determinada.

El grado de control sobre la energía determina el nivel de consecuencias que ejerceremos en el mundo en que vivimos. Cuando la falta de dominio sobre esta energía es muy grande, resulta enormemente destructiva en cualquiera de sus formas, y cuando el desequilibrio es menor, provoca distintos tipos de desorden en nuestra realidad. Piensa que la energía es la clave de todo, así que imagínate los efectos que genera en nuestra vida y en la de los demás el hecho de no manejar correctamente cualquiera de estas fuerzas.

Es decir, tememos una de estas cuatro partes de la identidad porque no la manejamos correctamente. Esta falta de control, además, ocasiona sufrimientos que se manifiestan de infinitas formas en nuestras vidas y la de nuestros semejantes. Le tenemos un miedo atroz porque no terminamos de hacernos con ella y gobernarla debidamente.

Debido a su nefasta gestión en el pasado, arrastramos la memoria de todo lo acontecido, y el miedo a que vuelva a suceder lo mismo condiciona por completo la vida que nos atrevemos a vivir. La falta de control sobre la energía se originó en etapas muy remotas del juego, lo que significa que el miedo no tiene una causa reciente, sino más bien una procedencia muy antigua que nos acompaña desde tiempos ancestrales.

Hoy en día, continuamos teniéndole miedo a esa parte tan vertebral de nosotros porque, en según qué casos, seguimos utilizándola de manera irresponsable. La consecuencia de ello es que en momentos anteriores de la experiencia y cuando nos dirigíamos hacia la conquista del propósito de vida, la energía nos destruyó por completo, rompió nuestra identidad en mil pedazos. Esta es la razón por la cual nos resistimos tanto a vivir la vida que queremos. El miedo a esta polaridad, por otra parte, condiciona el nivel de compromiso que adquirimos con los objetivos deseados.

Nuestra identidad, por tanto, está conformada por estos patrones energéticos y a través de ellos creamos en todo momento los modelos existenciales que buscamos experimentar. En el capítulo anterior, decíamos que la energía es el combustible para poder vibrar dentro de la frecuencia; ahora podremos comprender la responsabilidad que implica utilizarla de una manera u otra, dado que conlleva consecuencias en nuestra vida y en la de los demás.

Dicho esto, lo orgánico sería que cada segmento de la energía tenga un 16,6 % de presencia en nuestro interior, pues si divides las seis partes de la identidad entre un 100 % dará como resultado este porcentaje. El problema aparece cuando la energía se desborda y termina por ocupar un espacio mayor del que en esencia le pertenece. Así, desequilibra el orden natural del sistema y provoca todo tipo de desórdenes estructurales en nuestra identidad.

El desequilibrio de la energía, por consiguiente, es el causante de todos los desajustes en nuestra realidad física, mental y emocional. Es algo idéntico a lo que ocurre en el cuerpo físico, cuando un grupo de células comienza a reproducirse anormalmente y acaba multiplicándose e invadiendo territorios ajenos de forma descontrolada. Lo que sucede a nivel energético sucede a nivel celular. Ello implica que, si no te adueñas de la energía, la energía se adueñará de ti y que si tú no la dominas, ella te dominará a ti.

> **No utilizar responsablemente uno de estos cuatro vértices de la identidad es el origen del miedo.**

Cada una de estas energías está constituida por los campos de información que expondremos a continuación. Explicaremos sus características y composición para reconocerlas como parte estructural de nuestra persona y, hacia el final del capítulo, descubriremos a cuál le tenemos miedo.

La energía masculina alta simboliza la parte invasiva y avasalladora que todos tenemos dentro. Representa nuestro lado violento, dominante, prepotente, déspota, dictatorial, impositivo, egoísta, etc. Expresa nuestra animalidad y nuestros instintos más primarios. Podríamos decir que es el caballo salvaje o el león que habita en nuestro interior. Esta fuerza se caracteriza por su impulsividad y por la rapidez con la que se propaga su naturaleza explosiva. Su principio asociado es el elemento Fuego.

La energía femenina alta simboliza la parte manipuladora y abusadora que todos tenemos dentro. Representa nuestro lado maquiavélico, sibilino, tergiversador, encantador, frío, traicionero, carismático, calculador, taimado, mentiroso, etc. Expresa la capacidad de gustar, atraer y magnetizar a los demás con su presencia. Su arquetipo sería la serpiente de Adán y Eva. Esta fuerza se caracteriza por la suficiencia para seducir y conquistar. Su principio asociado es el elemento Aire.

Aquel que no domine cualquiera de estas dos energías altas estará forzando la voluntad y libertad de elección de otra persona. Cuando esto ocurre, maltratará, invadirá, abusará, aplastará, anulará, avasallará y manipulará a los demás y pasará a vibrar en la frecuencia de identidad del verdugo. Es decir, y resumido en una frase, les quitará el poder personal y la identidad. El invasor crea al invadido y el abusador, al abusado.

Por otro lado, la energía masculina baja simboliza la parte invadible o avasallable que todos tenemos dentro. Representa nuestro lado blando, débil, cobarde, inferior, inseguro, acomplejado, dubitativo, imperfecto, indeciso, inactivo, torpe, perezoso, etc. Su arquetipo sería la Cenicienta o el Patito Feo del cuento. Esta fuerza se caracteriza por su pasividad, lentitud, tranquilidad y parsimonia. Su principio asociado es el elemento Tierra.

La energía femenina baja simboliza la parte manipulable y abusable que todos tenemos dentro. Representa nuestro lado sumiso, dócil, servil, complaciente, consentidor, permisivo, pusilánime, dependiente, ingenuo, incauto, etc. Expresa emociones relacionadas con atender, cuidar y proteger. Su arquetipo sería el de la geisha japonesa. Su principio asociado es el elemento Agua.

Aquel que no domine cualquiera de estas dos energías bajas estará dejándose arrebatar la voluntad y libertad de elección por otra persona. Cuando esto ocurre, se dejará maltratar, invadir, abusar, aplastar, avasallar y manipular por los demás y pasará a vibrar en la frecuencia de identidad de la víctima. Es decir, y resumido en una frase, permitirá que le quiten el poder personal y la identidad. El invadido crea al invasor y el abusado, al abusador.

Las energías altas representan nuestra parte activa y

las energías bajas, nuestra parte pasiva. Por esta razón, cuando no dominamos las energías altas, hacemos daño con nuestras acciones y, cuando no dominamos las energías bajas, lo hacemos con nuestras inacciones.

No debemos dejar de señalar las cualidades y características de la energía en su estado central, aunque para el caso que nos ocupa en realidad no tiene mayor relevancia. Aun así, las energías centrales son parte fundamental para la conquista del propósito. Por eso es importante que tengas la información total y, de paso, observes la belleza que contiene la suma de los opuestos y el diseño tan increíble que comporta el sistema de energías al completo.

La energía masculina central simboliza nuestro lado responsable, firme, imparcial, determinante, recto, honorable, respetuoso, implicado, caballeresco, etc. Representa la suma de la fuerza masculina alta y la fuerza masculina baja. Refleja la energía en su estado unitario, por lo cual no supone ningún tipo de problema o inconveniente para nosotros. Su arquetipo sería el samurái japonés.

La energía femenina central simboliza nuestro lado comprometido, fiel, leal, honesto, compañero, tolerante, empático, amable, cercano, comprensivo, cariñoso, etc. Representa la suma de la fuerza femenina alta y la fuerza femenina baja. Refleja la energía en su estado unitario, por lo cual tampoco supone ningún tipo de problema o inconveniente para nosotros. Su arquetipo sería la gran madre.

La sombra

En un momento determinado del juego, nos dimos perfecta cuenta de los efectos tan desastrosos que comportaba en nuestra vida el hecho de no utilizar correctamente alguna de las fuerzas descritas. Descubierto este patrón y una vez reconocidas las consecuencias de su mal uso, consideramos que la energía que tantos conflictos e inconvenientes nos generaba era mala.

En efecto, juzgamos como mala esa parte de nuestra identidad que no dominamos y creímos que la única solución posible para evitar crear más sufrimiento era rechazarla y dejar de utilizarla. La repudiamos, negamos y reprimimos, intentamos, en suma, hacerla desaparecer. Sin embargo, como lo que existe no puede dejar de existir, lo que sucedió fue que ese aspecto tan despreciado por nosotros pasó a convertirse en lo que el psicoanalista Carl Gustav Jung bautizó como sombra. Así, la parte de la energía que no dominamos quedó oculta y desterrada en un rincón de la consciencia.

¿Cuál es, por consiguiente, la definición de sombra?

Sombra es aquella parte de la identidad que censuramos, ocultamos, rechazamos y, en consecuencia, no aceptamos en nuestro interior. Representa la energía que no abrazamos ni amamos y, dependiendo del nivel de negación que poseamos, ni siquiera queremos reconocer que está en nosotros. Simboliza las características que despreciamos intensamente y que, de ser posible, exterminaríamos. Al condenarla de manera tan profunda quedó enterrada y relegada en lo más recóndito de nuestra psique.

Esta dinámica originó en nosotros una dualidad interior que permanece hasta el día de hoy. Nuestra naturaleza se desgajó en dos partes bien diferenciadas: la parte de la identidad que aceptamos y juzgamos como buena, y la parte de la identidad que rechazamos y juzgamos como mala.

A partir de ese momento y hasta el día de hoy, esta dicotomía mental ha estado dirigiendo nuestras vidas, y se ha convertido en la raíz de todo tipo de desequilibrios mentales y emocionales. A causa de esto y por extensión, también hemos dividido el mundo entre bueno y malo, en virtud de nuestra percepción y sistema de creencias particular.

> Negarnos una parte nos parte.

Juzgando como mala esa parte de la identidad que no controlamos al pensar que rechazarla o esconderla resolvería dicha falta de control, creamos un conflicto colateral de proporciones inmensas. Y lo que hasta entonces solo era un problema se convierte en dos: seguimos teniéndole miedo a esa parte de nosotros porque no la dominamos y, al haberla juzgado como mala, ahora tampoco la aceptamos.

Resumiendo...

- No domino una parte de mi identidad/energía.
- No acepto esa parte de mi identidad/energía.

Y este es el origen de todos los desequilibrios que afectan a nuestra experiencia terrenal.

Sufrimos porque no la aceptamos y sufrimos porque no la dominamos. Ni que decir tiene que con dicha energía nos seguimos metiendo en líos prácticamente a diario, porque se escapa de ese escondite figurado muchas más veces de las que podemos imaginar, aunque la mente prefiere fantasear y pensar que, si cierra los ojos, el problema desaparecerá.

Porque la paradoja de toda esta historia es que, por mucho que reprimamos la energía, existe y no dejará de existir jamás. Es evidente que rechazarla o dejarla de utilizar no resolvió el miedo a no poder controlarla. Porque lo que en realidad sigue ocurriendo es que, en la gran mayoría de los casos, desde ese exilio sombra, continúa dirigiendo nuestra vida si nos atrevemos a vivirla, o condicionándola porque no nos atrevemos a vivirla.

Llegados a este punto la pregunta pertinente sería ¿de qué manera objetiva rechazamos esa parte de nuestra identidad, que tanto juicio y repulsa genera en nosotros? Mediante un mecanismo muy sencillo, a la par que inteligente y, por supuesto, diseñado por la mente. La solución que en su momento encontramos para ocultarle esa polaridad al mundo fue escondernos en la parte opuesta de la energía rechazada. Es decir, si repudiamos la energía masculina alta, porque con el lado invasivo hacemos daño a los demás y nos comportamos como verdugos, pasamos a vibrar e identificarnos con la energía masculina baja, lo que da vía libre a que nos invadan los demás puesto que nos comportarnos como víctimas.

Por supuesto, a la inversa funciona exactamente igual: elegiremos ser el invasor y verdugo con todo lo que eso significa, ya que ser el invadido y la víctima es lo que más miedo nos da. Esto es, si tenemos miedo a hacer daño, preferimos que nos lo hagan, y si tenemos miedo a que nos lo hagan, lo acabaremos haciendo nosotros.

Todos, en algún momento, nos hemos refugiado en el polo opuesto al que tenemos en conflicto. Esto significa que, en mayor o menor medida, llevamos una máscara tras la cual le ocultamos al mundo esa parte tan denostada por nosotros. Por tanto, la energía alta se disfraza de baja y la baja, de alta. Y así se nos pasa la vida...

De esta manera, todos caminamos por el mundo con una careta puesta en el rostro con la que fingimos aparentar la identidad opuesta a aquella que rechazamos. Por eso es tan difícil llegar al núcleo estructural de cualquier bloqueo: en la mayoría de los casos estamos buscando la solución en la consecuencia, cuando la clave reside en reconocer y aceptar la sombra para poder resolver desde la causa.

Entonces ¿esa parte de nuestra identidad que rechazamos es lo que somos?

No. Es lo que también somos, que no es lo mismo. Nuestra identidad está compuesta de todas las partes. Somos todo y todo está en nosotros. El problema es que tarde o temprano la máscara se caerá y surgirá ese aspecto que tanto tiempo llevamos escondiendo, lo que comportará que la sombra entre en escena de la peor forma posible, para disgusto propio y ajeno. Vivir ocultando aquello que tanto juzgamos genera en el sistema emocional una enorme tensión, porque nos obliga a vivir con un personaje artificial la mayor parte del tiempo.

Que nos hayamos acostumbrado a llevar una máscara no significa que sea fácil de interpretar, dado que estamos representando un personaje ficticio la mayor parte del tiempo. El nivel de rechazo que tengamos hacia esa parte de nosotros determinará el tamaño de la careta que llevaremos puesta. El disfraz, por tanto, no elimina la polaridad que tenemos repudiada, porque sigue escondida en la sombra, y saber que puede surgir en cualquier momento nos provoca angustia y ansiedad.

No somos lo que hacemos

Dicho todo esto, vamos a buscar la solución a este entuerto. Puesto que nuestros conflictos o frustraciones surgen de rechazar y no dominar la energía, la pregunta conveniente sería ¿cómo la aceptamos y la dominamos? Vamos a comenzar respondiendo al primero de estos interrogantes:

La forma de volver a integrar, aceptar y utilizar esa parte desterrada de nuestra identidad es descartando el juicio de que es «mala». Todas las partes que nos componen no son buenas, ni malas, son neutras. Las características que manifestamos en la vida diaria son absolutamente neutras y el problema no radica en la naturaleza de la energía, sino en la forma de utilizarla. La naturaleza de la realidad es demostrablemente neutra, por la sencilla razón de que bueno o malo no existe.

¿Y por qué no existe bueno o malo?

No existe porque es un juicio y no una realidad objetiva. Es nuestra mente la que juzga la naturaleza de las cosas como buenas o malas, en virtud de sus experiencias y creencias particulares. Lo que sí existe —y ahí aparece la confusión— es el bien y el mal, que son el resultado del uso responsable o irresponsable de la energía; bueno y malo, en cambio, es un juicio propio y personal donde partimos el mundo por la mitad.

¿Que nos toque la lotería no es necesariamente bueno y arruinarnos no es necesariamente malo entonces? Así es. Todos conocemos el caso de personas a las que les tocó el premio gordo de la lotería y, lejos de ser una bendición, se convirtió en una maldición por el uso que hicieron de ese dinero. Y también conocemos el caso de personas que, después de perderlo todo, se reinventaron y a partir de ese momento empezaron a vivir la vida que deseaban. Bueno y malo es la madre de todos los juicios, básicamente porque lo que hoy puede parecernos malo mañana puede parecernos bueno y viceversa.

Imaginemos el caso de un chico que se rompe una pierna en un accidente de moto y en el tiempo que pasa en el hospital conoce a una enfermera de la que se enamora y con la que termina casándose. ¿Los accidentes son buenos o malos? Nos pueden mejorar la vida como en este caso, o nos la pueden destrozar, si no remontamos y quedamos atrapados en el trauma de la experiencia.

¿La lealtad es buena o es mala? Depende de a qué seamos leales, porque si la lealtad es a una organización terrorista, pensaríamos que ser leal es malo, pero si, por el contrario, somos leales a nuestra pareja pensaríamos que la lealtad es buena. Y como podemos comprobar, la lealtad, en realidad, es neutra, porque debemos entender de una vez por todas que esa es la naturaleza real y verdadera de todas las cosas.

Juzgar como mala esa parte de nosotros hizo nacer la creencia de que todos tenemos una parte fea y oscura, y que lo mejor sería no contactar con ella y enterrarla en lo más profundo de nuestra mente. Porque lo que veríamos en caso de observarla sería algo malo y perverso. Por tanto, como dijimos más arriba, el problema no reside en la naturaleza y características de la energía, sino en la responsabilidad con que se utiliza.

> **Bueno y malo es una etiqueta puesta por la mente, basada en sus creencias y memorias pasadas.**

Por consiguiente, la matemática es la siguiente: si utilizamos de forma responsable la energía, hacemos el bien con ella; en caso contrario, hacemos el mal con ella. Sin embargo, la mente interpretó que teníamos una parte mala y una parte buena, lo que trajo como consecuencia la dualidad mental que tanto nos afecta. Pero en cualquiera de las dos variables, e indistintamente de las repercusiones derivadas de su uso, esa parte de nuestra identidad siempre será neutra.

Es decir, nuestras acciones o inacciones no definen nuestra esencia. Es evidente que somos los responsables del proceso, y que las ondas que enviamos al campo de energía tarde o temprano regresarán. Por eso debe quedar muy clara esta premisa: «No somos lo que hacemos». De la misma manera que no somos lo que comemos o ¿acaso por comer una manzana, me convierto en una manzana y adquiero la identidad de una manzana? El problema nunca residió en lo que fuimos, sino en lo que hicimos. Conviene no confundir, el verbo «ser», con el verbo «hacer».

¿Si alguien roba no es un ladrón?

Por supuesto que no. No es lo mismo ser un ladrón que comportarse como un ladrón. En el primer caso no habría solución posible porque el verbo «ser» determinaría la naturaleza de la persona; en el segundo caso, podría rehabilitarse y comenzar una nueva vida en el momento que así lo decida. Evidentemente sería el responsable del robo y debería asumir las consecuencias de dicha acción, pero en ningún caso lo acontecido definiría su identidad.

El jefe que maltrata a sus empleados, ¿sería mala persona?

Cuando respondemos que sí tenemos un problema, porque este mismo individuo es un excelente hijo que cuida con amor de su madre enferma. ¿Cuál es la respuesta correcta a este acertijo? Ya lo hemos dicho. Con su equipo de trabajo está haciendo el mal y con su anciana madre está haciendo el bien. Obviamente es el único responsable de sus actos, pero lo que hace con su energía no está definiendo su naturaleza. Por eso existe la redención ante nuestros errores, porque no somos lo que hacemos y el que esté libre de pecado que tire la primera piedra.

Entonces ¿no existen las personas buenas o las personas malas? No. Claro que no existen. Existen personas que hacen más el bien que el mal y otras que hacen más el mal que el bien. Recuerda que bueno y malo es un juicio y, como todo juicio, es falso, porque limita la realidad, encerrándola en una forma de pensar condicionada por la creencia personal.

¿Y cómo diferenciamos cuándo utilizamos la energía para hacer el bien o el mal?

Fácil. Cuando hacemos el bien con la energía, las dos partes se benefician; cuando hacemos el mal, solo se beneficia nuestro ego.

Hay algo fundamental que debemos comprender: rechazar esa parte de nuestra identidad nos debilita a la hora de conseguir el propósito de vida, porque la energía repudiada es indispensable para la consecución de dicho propósito. Representa nuestro diferencial o músculo principal para llegar hasta la meta, y es la mayor fuente de potencialidad que tenemos. Rechazar esa polaridad nos divide y esa incompletitud, a su vez, nos hace estar en inferioridad de condiciones respecto a las personas que la aceptan de una manera más completa.

Entre otras muchas, la profesión de bombero es invasiva por naturaleza, dado que esa vocación exige utilizar las características de la energía masculina alta para poder rescatar a la persona en peligro. ¿A cuántos bomberos conoces que, ante un incendio, llamen al timbre de la casa esperando a que les abran por miedo a invadir el espacio y la intimidad de la persona que allí vive? Lo que harán en el ejercicio de su labor es tirar la puerta abajo o entrar por la ventana, con la intención de poner su vida a salvo. Invadir, como puedes comprobar, es neutro.

La invasión puede quitar una vida, pero también puede salvarla. La clave reside, como hemos ido viendo, en la responsabilidad a la hora de utilizar dicha fuerza y no en su naturaleza esencial.

Pensemos en aquella actriz que no acepta la parte baja de su energía masculina, débil o cobarde y a quien, sin embargo, le ofrecen un personaje con las características que ella ha juzgado como negativas en su persona. De aceptarlo, el juicio sobre ese aspecto de su identidad lo trasladaría al personaje, lo que imposibilitaría una interpretación acorde con sus deseos y necesidades. En el caso de aceptar esa parte de sí misma, probablemente lograría una interpretación sublime. La debilidad y la cobardía son neutras y te pueden hacer realmente feliz si no las juzgas como malas.

Se puede dar la circunstancia de que alguien sobreviva a un accidente de avión en el puente aéreo, cuando a diario vuela siempre a la misma hora. La razón por la cual evitaría tan fatal desenlace puede ser algo tan sencillo como que haya tenido que regresar a casa minutos después de haber salido porque se le ha olvidado el informe que tiene que presentar ese día. Así, si no coge el vuelo a su hora habitual y no tiene más remedio que esperar al siguiente avión, evitaría encontrarse en tiempo y espacio con tal salvaje realidad. Ser despistado o torpe, que es una de las características de la energía baja masculina, en este caso le salvaría la vida.

En el caso de la energía femenina alta abusiva, pongamos como ejemplo que queremos organizar una fiesta sorpresa para alguien a quien queremos mucho, sin utilizar la parte maquiavélica, sibilina, manipuladora o mentirosa que esa energía contiene. La puesta en marcha de este evento conlleva que las personas implicadas mientan y oculten sus intenciones para que todo acabe en el consabido grito de «¡¡¡Sorpresa!!!». Manipular es neutro y está sujeto a la consciencia con que se utilice.

Un ejemplo más de esta misma energía usada con responsabilidad es la mentira universal por excelencia en la que todo el mundo está de acuerdo y que se repite generación tras generación. Estamos hablando por supuesto de los Reyes Magos de Oriente. Año tras año, abusamos de la confianza que nuestros hijos tienen en nosotros, con el único fin de que crean en la magia y pasen una noche inolvidable. Con la mejor de las intenciones, nos aprovechamos de su fidelidad y manipulamos sus emociones.

Es imposible ser padre, madre, enfermera o maestra en una escuela sin aceptar la parte paciente, sumisa, conciliadora, servil, permisiva o complaciente que contiene la energía femenina baja que todos tenemos dentro. Estas experiencias implican que los protagonistas en estos casos sean nuestros hijos, el enfermo al que atendemos o el niño que está aprendiendo, por citar algunos. Y ponernos a su servicio para guiarlos, sanarlos o enseñarles se convierte en lo lógico y natural porque forma parte de los caminos que hemos elegido.

Estas narrativas deberían servir para que rompamos el juicio mental acerca de bueno o malo, o de cuál es la verdadera naturaleza de las cosas. Pongamos el ejemplo de que las energías en sus diferentes estados vibratorios son el equivalente a una caja de herramientas, cada una de las cuales tiene su función y, dependiendo de las necesidades del momento, habrá que utilizar una u otra.

La energía y los límites

Una vez que hemos reconocido que todas las partes que componen nuestra identidad son neutras y que dichas energías no son buenas ni malas, sino que están sujetas a la consciencia con la que las utilicemos, pasaremos a explicar cómo manejar responsablemente las energías altas para, a continuación, explicar cómo hacer lo mismo con las energías bajas.

Para hacer el bien y utilizar con responsabilidad cualquiera de estas fuerzas altas, tendremos que ponernos límites a nosotros mismos. Así de simple. De esta manera, no nos haremos daño con ellas, ni tampoco se lo haremos a los demás. Las energías altas representan nuestra parte excesiva y, como bien sabemos, todo exceso es la consecuencia de un problema de autolimitación. Que la energía se desborde y seamos incapaces de dominarla se debe a un problema fundamental de autogestión por parte de los dueños de la energía, que somos nosotros.

¿Cómo se pone una persona límites a sí misma?

Los límites hacia uno mismo se ponen con las palabras «no» y «basta». Como hemos dicho anteriormente, es un tema de autogestión, lo que significa que debe existir un diálogo interior donde nos decimos que ha llegado el momento de parar. Cualquier frase que aluda al principio de saber dónde detenernos nos servirá para tal fin. Se trata de aprender a autorregularnos, ya sea en una discusión, comiendo, conduciendo, bebiendo, hablando, etc. Cuando aplicamos el «no» y el «basta», mandamos en la energía; cuando sucede al revés, la energía manda en nosotros.

Si nos comportamos infielmente es porque no nos

hemos puesto límites. Si nos sobran algunos kilos pasa exactamente igual. Si nos multan por aparcar donde no se debe, también ocurre lo mismo. No son juicios, son hechos. No estamos juzgando lo que la persona hace con su energía, allá cada uno con su vida, por lo que debemos entender que todo desequilibrio por exceso demuestra el patrón que estamos explicando. Cuando la parte alta se desborda, todo se convierte en desorden y el desequilibrio pasa a dirigir nuestras vidas.

Un amante de la gastronomía con tendencia a coger peso, en vez de aprender a ponerse límites a la hora de estar en la mesa, decidió entrenar en el gimnasio dos veces al día para poder ingerir la cantidad de comida que le apeteciera. Lo que sucedió es que acabó rompiéndose el talón por tres sitios y tuvo que abandonar dicha actividad para no quedarse cojo. ¿No habría sido más fácil realizar un deporte más moderado y aprender a comer menos?

Otro de los indicadores de la falta de límites propios se puede apreciar en las personas que hablan mucho en general y de ellos mismos en particular. Esto muestra sin duda alguna que no dominan su energía alta, porque esta forma de relacionarse no deja espacio para escuchar a nadie más. Su intención evidentemente no es perjudicar al oyente de turno, pero si son incapaces de frenar su monólogo, despídete de poderte expresar.

Llegados a este punto, debemos establecer la diferencia que existe entre ponernos límites o reprimirnos. Se parecen mucho, incluso pueden considerarse similares, pero en realidad no tienen nada que ver. Por eso la mayoría de las personas creen que se están autolimitando cuando en realidad se están castrando. La diferencia es muy sencilla: cuando nos ponemos límites a nosotros mismos, nos estamos enfrentando a la situación que puede desequilibrarnos y, cuando nos reprimimos, directamente la estamos evitando.

Si nos invitan a una despedida de soltero y después de la cena nos vamos a dormir, es evidente que en vez de ponernos límites nos estamos castrando. Si por el contrario continuamos la fiesta de forma responsable, habremos disfrutado de la experiencia completa sin tener nada que lamentar.

Es obvio que huir de los contextos donde se pone de manifiesto nuestro desequilibrio no resuelve la disfunción. Por supuesto, cuanto más huimos de la parte excesiva que tanto tememos, más nos alejamos de la posibilidad de resolver dicha situación. En realidad, la solución consiste en dirigirnos a los escenarios de vida donde nos encontraremos con la sombra y, en vez de evitarlos, aprender a ponernos límites, hasta que tarde o temprano nos hagamos con el control de la energía.

> Cuando nos ponemos límites, dominamos
> la energía alta; cuando no nos los ponemos,
> la energía alta nos domina.

Pasemos a la siguiente parte de la solución para averiguar cómo hacernos dueños de la parte baja de la energía...

La clave es muy sencilla: para dominar o utilizar con responsabilidad las energías bajas, masculina o femenina, debemos ponerles límites a los demás. Así de simple. De esta forma, no permitiremos que nos hagan daño, ni tampoco se lo haremos a los demás. Las energías bajas representan nuestra parte contenida y, desde esa falsa percepción de insuficiencia, nos situamos en una posición de inferioridad respecto a las personas de fuera. Cualquier abuso o invasión es la consecuencia de no haber establecido las fronteras convenientemente. Que la identidad se comprima y no se exprese se debe a un problema de gestión a la hora de ponerle límites al mundo exterior.

¿Cómo se les ponen los límites a los demás?

Las palabras que nos devuelven el poder personal también son «no» y «basta», solo que esta vez, en vez de enfocar estas palabras hacia dentro, debemos enfocarlas hacia fuera. Ponerles límites a los demás implica dejar muy claro lo que no se va a consentir. En este caso, las frases serían del tipo: «No quiero hacerlo», «No me gritès», «No estoy de acuerdo», «No sigas por ese camino», etc. Para que estos límites funcionen, la negativa debe darse sin demasiadas explicaciones ni justificaciones y al inicio de cualquier situación. El factor temporal en estos casos es determinante, porque una posición que no se defiende desde un principio difícilmente se logrará defender hacia el final.

Siempre que hacemos algo que no elegiríamos hacer estamos dejando que nos invadan o que abusen de nosotros. Si eliges terminar tu jornada laboral una hora más tarde todos los días, todo está en orden porque es tu elección. Si, por el contrario, se da por descontado que debe ser así y ocurre sin tu consentimiento expreso, sucede que no le estás poniendo límites a tu jefe y que estás dejando que te invada o abuse de ti.

Acabar viviendo en el campo para satisfacer los deseos de la nueva pareja, ocuparnos del perro de nuestra hija porque ya no tiene tiempo, cambiar las rutinas para hacer felices a los demás, prestar dinero cuando nos angustia que no nos lo devuelvan... Todas ellas son cesiones de poder, salvo que, como hemos explicado ya, seamos nosotros los que elijamos hacerlo. Si ese es el caso, la energía estará ordenada y el mundo exterior no nos hará sufrir con sus peticiones. Eso sí, mucho cuidado con el autoengaño. La forma de diferenciar si es elección o imposición consiste, por supuesto, en escucharnos. Cuanto más nos escuchemos, mejor conexión tendremos con nuestras emociones y mejor sabremos cuándo es momento de ponerles límites a los demás.

Todos conocemos a alguien que, durante su proceso de divorcio, hizo demasiadas concesiones para llegar a un acuerdo de la forma más conciliadora posible, en detrimento de sus propios intereses. Huelga decir que no funcionó y que la otra parte lo interpretó como un acto de debilidad, que le condujo a seguir hostigando a quien tanto concedió. Si normalizamos que nuestro amigo llegue tarde por sistema cuando quedamos con él, al final solo pueden ocurrir dos cosas: que nos pasemos la vida esperándolo o que le acabemos expulsando de nuestra vida cuando no aguantemos más.

Ponerles límites a los demás implica enfrentar. Si no dominamos esta parte baja de la energía, el lado cobarde o sumiso evitará la confrontación por todos los medios y nos diremos que no sabemos hacerlo o resulta difícil de realizar. Nadie dijo que ponerles límites a los demás tenga que ser necesariamente agradable, pero cuando la situación lo requiere, no hay más remedio que enfrentarse. De no hacerlo perderemos el poder personal y el precio que pagar sería el abuso o la invasión.

Aceptar la confrontación significa que, por fin, en la parte baja de la energía mandamos nosotros. Cuando probamos la sensación de defender nuestra posición, ya no queremos otra cosa. Llegados a este punto, es recurrente la pregunta de si es posible que nos acompañen a esta nueva etapa las personas que no están habituadas a que las confrontemos. Pues algunas se irán y otras no. Esto te servirá de catalizador para saber quién es quién y el tipo de relación que tenías con cada una de ellas.

En cualquier caso, e indistintamente de lo salvable que sean las relaciones del pasado, lo importante es empezar a practicar los límites con las personas nuevas que aparecen en nuestra vida. De este modo crearemos hábitos sanos en los nuevos vínculos que estamos gestando, estableciendo relaciones sin perder el poder personal.

> Cuando le ponemos límites a los demás, dominamos la energía baja; cuando no se los ponemos, la energía baja nos domina.

¿Cuál es tu sombra?

Ha llegado el momento de descubrir nuestra sombra y conocer qué parte de nuestra identidad rechazamos y no dominamos. Para llevar esto a cabo, tendremos que ser devastadoramente sinceros y estar dispuestos a mirarnos en el espejo de la verdad.

Las seis claves para hacer consciente la sombra son las siguientes:

La primera de ellas quizá sea la más difícil de identificar. Consiste en mirar en nuestro interior atestiguando con qué comportamiento hacemos daño a los demás. Al reconocer de forma sincera que no dominamos esa parte de nuestra identidad, la rescatamos de la sombra exponiéndola a la luz.

La segunda clave es un poco más fácil de detectar. Se trata de que atestigüemos qué comportamiento de los demás nos hace daño. Porque la experiencia que recibimos como víctimas refleja la que creamos como verdugos. Ser conscientes de la energía que nos lastima nos hace saber que con esa misma energía lastimamos a los demás.

La tercera clave aún es más sencilla: aquello que nos da miedo de los demás refleja lo que nos da miedo de nosotros, porque lo que nos asusta del otro es nuestra sombra proyectada. Temer la violencia ajena muestra el miedo a la violencia propia.

La cuarta clave es la siguiente: lo que juzgamos en nosotros es lo que juzgamos en los demás. El juicio externo es el espejo del juicio interno. Se juzga en el otro lo que se juzga en uno mismo. Así de simple es.

La quinta clave postula que nos sentimos juzgados en aquello que nosotros mismos nos juzgamos. Cuando aceptemos esa parte de la identidad que juzgamos como mala, poco nos importará que la juzguen los demás.

La sexta clave y última es la más «casera», pero también funciona. Consiste en preguntarles a aquellos que nos conocen bien qué les molesta de nosotros y cuál es el patrón conductual que deberíamos mejorar. Porque la sombra propia no se ve en uno mismo, pero desde fuera se ve fenomenalmente. No se trata de someternos a juicio, pues le vamos a preguntar a personas que nos quieren, y este ejercicio, aunque pueda resultar un poco duro, resulta altamente esclarecedor.

Y llegados a este punto, ¿descubrimos, por fin, cuál de estas cuatro partes de nuestra identidad no aceptamos ni dominamos?

- ¿Miedo y rechazo a la parte masculina invasiva y avasalladora?
- ¿Miedo y rechazo a la parte femenina abusiva y manipuladora?
- ¿Miedo y rechazo a la parte masculina invadida y avasallada?
- ¿Miedo y rechazo a la parte femenina abusada y manipulada?

Si sumamos toda la información obtenida a través de estas seis claves, veremos como todas en conjunto conforman un único patrón de información. Ello quiere decir que, a poco que observemos y pongamos consciencia en estos fundamentos, lo que antes de observar era sombra pasará a convertirse en luz. Es física pura: lo que llamamos oscuridad solo es ausencia de luz.

Con estos elementos, podremos averiguar el origen

personal del miedo y qué parte de la identidad no dominamos y juzgamos como mala en nosotros. Tener una mayor consciencia de la energía que nos asusta permitirá emprender el camino hacia el propósito de vida deseado. Pensemos que este miedo hacia uno mismo bloquea que podamos ser quienes somos y conquistar la vida que deseamos.

En cualquier caso, si nos resulta difícil reconocer cuál es nuestra sombra, quedémonos tranquilos, porque no es imprescindible identificarla para poder conquistar el propósito. Hacia la parte final del libro explicaremos la clave fundamental para lograr nuestras metas, indistintamente de que sepamos qué parte juzgamos o no dominamos. Aplicando fielmente ese patrón de información, estaremos en disposición de alcanzar la vida deseada, y la sombra irá surgiendo en nuestro camino para que la aceptemos y manejemos de manera gradual.

El miedo a la sombra influye por completo en nuestros resultados de vida, debido a que el uso de la energía está vinculado irremediablemente a la conquista del propósito. Las personas que temen encontrarse con esa parte de sí mismas evitan encontrársela por miedo a lo destructiva que resulta cuando se vive sin consciencia.

Las metas que deseamos alcanzar exigen inevitablemente que utilicemos todas las energías puestas a nuestra disposición, y aquel que piense que puede llegar hasta el objetivo negando ese aspecto tan estructural de su persona se equivoca por completo. La energía sombra es la parte más interesante de nosotros cuando la utilizamos bien y la más peligrosa cuando la empleamos mal, pero en cualquiera de estas dos variables, es el aspecto diferenciador que nos permitirá conquistar nuestras metas.

Ya vimos lo importante que es situarse en la frecuencia correcta para poder manifestar la vocación y el talento en el escenario adecuado. También hemos comprendido lo vital que resulta utilizar las energías al completo para llegar lo más lejos posible dentro del juego. A continuación, nos dirigiremos hacia la búsqueda del propósito de vida y el campo energético de los deseos.

3

Propósito de vida: el deseo de tener

Tener un propósito en la vida
crea una vida con propósito

DESEA Y SE TE DARÁ

Todos tenemos un propósito en la vida, que fue elegido y deseado por nosotros en los primeros momentos del juego. Tener un objetivo da sentido a la existencia, dentro de este simulador virtual llamado planeta Tierra. Representa las metas que deseamos conquistar, muestra lo que nos entusiasma y hace que sintamos plena felicidad.

Sin tener metas que desear, cualquier experiencia terrenal carecería de sentido y nos quedaríamos atrapados en las múltiples servidumbres del mundo material. Ir a trabajar, tomarnos unos días libres, hacer la compra, pasar la revisión del coche, etc. Todos estos elementos tienen su razón de ser, dentro de un propósito mayor, pero vivirlos como un aspecto principal de nuestra vida la convierte literalmente en un sinsentido.

En términos generales, a nuestra vida le faltan emociones y le sobran rutinas y obligaciones. El diseño del mundo se creó con la idea de experimentar los cinco sentidos de la forma más intensa posible, pero si esta intención no se vive de manera completa o, en su defecto, parcial, la sensación de que todo es lucha y sacrificio se convertirá en la tónica general de la existencia. Estamos aquí para lograr las metas que nos fijamos cuando el juego comenzó y para realizar esta misión necesitamos una emoción que nos conduzca hasta ellas.

Esa emoción a través de la cual conquistamos el propósito de vida se llama «deseo».

La ropa que llevamos, la decoración de nuestra casa, el vehículo que conducimos, el perfume que utilizamos, todas ellas son diferentes expresiones del deseo. Desear un objetivo nos incita a levantarnos todas las mañanas para enfrentar la vida con disposición y entrega, ante lo cual podríamos decir sin temor a equivocarnos que el deseo es el cordón umbilical que nos conecta a la experiencia del juego.

Hay que desear. Mucho. Todos los días y a todas horas. Con el paso del tiempo, hemos ido perdiendo la conexión con esta emoción tan primigenia, permitiendo que aquello que nos apasiona se convierta prácticamente en una anomalía y que el poder cardinal lo ejerza la razón y las exigencias del día a día. Hemos acabado creyendo que la vida consiste en ser ciudadanos cumplidores que atienden sus responsabilidades diarias, tienen hobbies y se reúnen con amigos para no quedarse en casa muertos de aburrimiento.

El propósito de vida se manifiesta a través del verbo «tener», al igual que la identidad lo hace con el verbo «ser» y la energía con el verbo «hacer». Desear un objetivo nos estimula a enfrentar el desafío de convertirlo en realidad; de este modo, el anhelo de alcanzarlo se convierte en el palo y la zanahoria que nos hemos impuesto para evitar caer en el miedo y la resistencia.

Cuando decimos «Quiero conquistar mi propósito en la vida» estamos diciendo «Quiero tener lo que no tengo». Esto permite que las partes del objetivo que se han ido logrando puedan medirse fácilmente a través de los resultados, ya sea una pareja, un trabajo, una casa o dinero en el banco. Es decir, las metas conquistadas son demostrables, porque el verbo «tener» las revela.

Por otro lado, no existen los deseos inalcanzables. Todos los deseos llevan implícitos dentro de sí mismos la posibilidad de su realización. Lo que sucede frecuentemente es que están insuficientemente deseados por nosotros y por esa razón terminamos pensando que algunos de ellos no pueden hacerse realidad. Esto es, el objetivo que observamos, elegimos y deseamos siempre es realizable porque el grado de inviabilidad dependerá de nosotros y no de que sea posible o imposible conquistar.

«Vacaciones... qué aburrimiento». En realidad, no existe una verdad mayor que esta cuando estamos alineados con la vida que deseamos. Por supuesto que necesitamos descansar de la consecución de nuestras metas, pero en estas circunstancias, desconectar forma parte del proceso de recargar fuerzas. El problema surge cuando las vacaciones son la vía de escape ante la infelicidad que sentimos.

En algunas escuelas filosóficas se considera que la erradicación del deseo nos hará conseguir una vida plena y feliz, y que fluiremos en armonía con el presente. Por esta razón, muchas personas buscan su felicidad en la eliminación de los anhelos, en vez de en su conquista. Estos modelos ideológicos caen en una contradicción o paradoja fundamental: no desear es, en sí mismo, un deseo, lo que deslegitima por completo la dinámica de creer que, dejando de desear, alcanzaremos la tan ansiada felicidad.

Negación del deseo

Ser conscientes de vivir en una realidad indeseada es el primer paso para poder salir de ella. La sinceridad interior respecto a cuánto nos disgusta nuestra vida actual es fundamental para realizar los cambios y ajustes que esta necesite. Aquí el peligro fundamental reside en el autoengaño, que encubrirá nuestras insatisfacciones con entretenimientos varios, hasta que se destape de nuevo la cruda realidad.

Hay personas de las que diríamos que tienen un modelo existencial perfecto y, curiosamente, experimentan el lado más doloroso de la vida cuando enferman o fallecen de manera inesperada. Acontecimientos que a sus seres queridos les lleva a preguntarse qué ha podido fallar si todo parecía estar en orden.

Si la vida careciera de cualquier orden, morir joven o enfermarse no tendrían relación alguna con el hecho de estar viviendo el propósito. Pero como ya sabemos que todo tiene un porqué y sucede por una razón, estas personas no habrían fallecido prematuramente porque su vida fuera imperfecta, sino porque estaban demasiado alejadas de aquella que deseaban de verdad.

Es decir, la enfermedad, la muerte prematura o cualquier tipo de pérdida estructural son la respuesta del sistema emocional al hecho de habernos apartado en exceso de nuestra meta verdadera. Esta desconexión emocional con el propósito de vida crea en las personas una tristeza de fondo que, no por silenciosa, deja de ser peligrosa y desemboca en sufrimientos de diversos tipos. No vivir la vida que deseamos de alguna manera nos mata por dentro.

Pongamos un ejemplo. Ángela es una mujer de cincuenta y pocos años que aparenta diez años más de los que tiene. Su esposo tiene su misma edad y se acaba de prejubilar con la intención de marcharse a vivir al pueblo. Los planes de los dos consisten en vivir en el campo, crear un huerto, criar animales, etc.

Desde que se casó, la vida de Ángela ha consistido en ocuparse de su marido e hijos. Se ha dedicado por completo al cuidado de los demás y, de alguna manera, se ha olvidado por el camino de ella misma. Días antes de su cambio de vida, su marido fallece de repente, dejándola viuda y sin entender por qué le ha pasado esto a ella. Todo se ha ido al traste, no sabe cómo seguir y necesita comprender el sentido de todo lo que le ha pasado.

Cuando conoció a su marido cursaba la carrera de Bellas Artes, pero al terminar sus estudios nunca ejerció porque apostó por formar una familia, de manera que se alejó del que había sido su mundo hasta entonces. De hecho, tenía un especial talento para la pintura, pero desde que contrajo matrimonio nunca más volvió a practicarla con asiduidad: la convirtió en un hobby y poco a poco se fue olvidando de ella.

Puesto que su identidad real es de artista y su propósito de vida debería estar relacionado con el mundo del arte, se ha alejado en exceso de la vida que eligió, y es en estas circunstancias cuando el sistema corrige esta desviación a través de cualquier tipo de pérdida. Estas rupturas tienen como misión recordarnos quiénes somos y devolvernos lo antes posible a la misión de vida original.

La intención de irse a vivir al pueblo ha provocado que su energía genere esta tremenda y dramática corrección para que vuelva a pintar, se quede en la ciudad y, de esta manera, pueda expresar la identidad que no estaba realizándose.

Por supuesto que su marido no murió porque ella incumpliera su destino como artista —ya sabemos que todo tiene un orden y es obvio que su paso por esta vida había terminado—, pero lo que sí debemos entender es que las elecciones que tomaron estando juntos dieron como resultado esa realidad vivida por los dos.

Nunca sabremos cómo se habría ordenado la energía si en vez de renunciar a sus talentos los hubiera integrado en su modelo familiar. Cada vez que tomamos una elección los diferentes futuros se bifurcan y, de todas las variables posibles, aquella que hemos elegido pasará a convertirse en la realidad que experimentaremos.

El máximo nivel de entropía o desorden que permite la energía cuando nos desviamos del propósito de vida deseado es de un 33,3 %. Cuando esto sucede, el sistema provoca un determinado tipo de pérdida que tiene como objetivo restaurar el desequilibrio creado por la resistencia a ser quienes somos y vivir la vida que deseamos.

Si el desorden continúa después de sufrir dicha pérdida, la energía continuará desviándose de su núcleo, volviendo a sumar una nueva que, en este caso, será mucho más dolorosa que la anterior. Llegados a este punto, nos encontraremos en un 66,6 % de desajuste y, si no reaccionamos ante las situaciones anteriores, seguiremos acumulando entropía hasta alcanzar mediante una tercera pérdida, un resultado del 99,9 % de desviación. Ello tendrá como consecuencia que termine la partida y haya que empezar una nueva.

A esto nos referíamos cuando explicábamos que un fallecimiento prematuro, enfermedad grave o pérdida importante, en realidad, son anomalías. Y que estos acontecimientos tan extremos nunca deberían darse si nos comprometiéramos de verdad con la vida elegida, con lo que evitaríamos necesitar las correcciones mencionadas anteriormente.

A según qué personas les asusta reconocer que su presente no se parece en nada al que imaginaron siendo jóvenes, porque piensan que dicho reconocimiento les obligará a tomar decisiones que romperán su modelo de vida actual. No tiene por qué ser necesariamente así. La sinceridad con uno mismo no exige que emprendamos algo para lo que no nos sentimos preparados, pero nos inmunizará ante los peligros inherentes a mirar para otro lado. El peligro no radica tanto en resistirnos a vivir la vida que deseamos como en el hecho de que nos engañemos respecto a ella.

Por supuesto que esta información no debe asustarnos, ni se pretende que, a partir de esta lectura, vivamos con miedo a no estar haciendo lo suficiente para conseguir nuestras metas. Lo único que planteamos —y debe quedar muy claro— es que negar en alto grado la vida que deseamos conlleva un enorme peligro para el equilibrio mental y emocional de la persona.

> **El propósito de vida representa aquello que deseas conquistar y experimentar.**

OBSERVA LO QUE DESEAS

En total hay 81 tipos de propósitos de vida, cada uno de ellos con un diseño propio y personal. Al comienzo del juego elegimos el que más deseo despertó en nosotros y durante todas las partidas siempre será el mismo. A lo largo del proceso, la energía se sincroniza con las distintas formas que adopta nuestra consciencia según evoluciona en el tiempo.

Personas que, en etapas anteriores del juego, fueron soldados en un campo de batalla han actualizado su identidad y objetivos, y se han convertido en deportistas en un terreno de juego. El enemigo del pasado es el equipo contrario y el regimiento al que pertenecían, su club deportivo actual.

Se puede apreciar bastante bien la analogía entre un militar y un deportista, los cuales aparentan identidades distintas cuando la esencia es la misma. Los objetivos de vida no cambian, pero se amoldan al nivel evolutivo que la persona posea. El propósito que vivimos siempre será igual, aunque tomará diferentes expresiones para adaptarse a la consciencia del presente.

El universo nos ofrece estas analogías para que el propósito de vida evolucione porque, de no ser así, quedaríamos atrapados en un interminable bucle temporal. De esta manera, la energía se reinventa ofreciéndonos diversas versiones de nuestra identidad para conquistar los retos compatibles con la consciencia actual.

Por otro lado, la creencia de que el objetivo que desea suficientemente acaba siendo motivo de frustración cuando los resultados esperados no se cristalizan. Lo que está ocurriendo en estos casos es que las ondas de deseo dirigidas al propósito, sencillamente, son más escasas de lo que parecen y la falsa creencia de estar conectados con esa intención se convierte, así, en una trampa mortal.

¿Qué deberíamos hacer entonces, para desear el propósito mucho más?

Observarlo mucho más.

Para poderse materializar en el mundo real, todo propósito de vida necesita ser observado y deseado. Lo que se desea mucho, se observa mucho. Es muy parecido a cuando estamos enamorados y podríamos estar mirando horas y horas a la persona amada sin cansarnos. Es decir, cuanto más observas lo que deseas, más deseas lo que observas. Esta regla puede aplicarse a cualquier aspecto de la vida, porque mediante la observación, como hemos visto, estamos enviando ondas de energía al objetivo que queremos alcanzar.

Las personas que ocupan las posiciones que ambicionamos tienen altamente entrenada la capacidad de observar las metas que desean. Se han convertido en expertos en no retirar la atención del propósito que quieren conseguir, lo que significa que las ondas que emiten son muchas, coherentes y continuas, lo cual da como resultado la realidad que observaron y desearon.

Para conseguir cualquier objetivo tenemos que observarlo, porque es la forma verdadera de desearlo. Amar el objetivo es esencial para provocar la aparición de los resultados esperados. De este modo, podríamos afirmar que para conquistar el propósito de vida que deseamos debemos enamorarnos completamente de él.

Hemos de saber que todas las personas, en distinto grado, generamos resistencia a conquistar las metas que anhelamos. Esto parece un contrasentido, porque ese ideal ha sido codiciado por nosotros y nadie nos lo ha impuesto ni exigido. Sin embargo, existe una razón fundamental que bloquea nuestro camino hacia el objetivo. ¿Por qué no nos atrevemos a vivir la vida que deseamos, si, al fin y al cabo, es la razón principal de estar aquí? Vamos a explicar por qué sucede esta cruel paradoja.

La razón por la cual nos resistimos vivir el propósito de vida es por miedo a encontrarnos con la sombra y utilizar la identidad del verdugo o la víctima para conseguirlo. Es una matemática muy sencilla de entender: si nos atrevemos a desear nuestro propósito en un 60 %, la energía que no dominamos se manifestará en ese mismo 60 %.

El 40 % de la energía que no utilicemos se convertirá automáticamente en frustración, cuando los resultados esperados no terminen de llegar, dado que estaremos compitiendo en inferioridad de condiciones en relación con las personas que se atreven a desear su vida de una manera más total.

En caso de desear el propósito de vida al 100 %, la energía se manifestará en idéntico grado y, si la consciencia no se expresa en esa misma proporción, nuestra autodestrucción está asegurada. La responsabilidad con la que apliquemos la energía dependerá exclusivamente de nosotros y determinará las consecuencias derivadas de su utilización.

Aquellos que están realizando sus metas se encuentran a diario con la posibilidad de ser gobernados por su sombra. Que la energía entre en escena cuando deseamos el propósito no es un inconveniente, ya que sabemos que representa nuestro diferencial y la necesitamos para la consecución de nuestras metas. Es el miedo a no aplicarla de forma correcta lo que provoca que la mente busque la solución en desear poco, desear a medias o, directamente, dejar de desear.

Explicamos en el capítulo anterior que o dominamos la energía o ella nos domina a nosotros. De este modo, experimentamos una de las principales paradojas de la existencia: si vivir la vida que deseamos puede destruirnos por activa, dejar de vivirla por miedo nos destruirá por pasiva.

Esto quiere decir que son los extremos los que nos destruyen. Si vivimos la vida de manera irresponsable las cosas acabarán mal, pero si buscamos la solución en una vida pequeña, también acabaremos mal. Se parece al ejercicio psicotécnico que hacemos para obtener el carnet de conducir, donde el cochecito que manejamos con dos palancas debe ir por el centro de la carretera y cada vez que tocamos uno de los bordes el simulador emite un pitido que nos recuerda que estamos saliéndonos del circuito.

Se trata de dirigir nuestras energías con consciencia responsable, buscando el equilibrio entre la contención y el exceso, porque son igual de perjudiciales cuando nos dejamos gobernar por su naturaleza. Por eso, si conducimos a una velocidad excesiva, nos multan, y si vamos a una velocidad anormalmente reducida, nos pueden multar también.

Nuestro sistema de resistencias consiste en utilizar la energía en el menor grado posible para evitar el encuentro con la sombra. En realidad fue diseñado para envejecer sin grandes contratiempos y no para conseguir nuestras ansiadas metas. Esto significa que tenemos que estar dispuestos a vencer dicha contingencia para lograr los objetivos propuestos, porque, de no ser así, nuestro futuro se convertirá en una serie de servidumbres, donde la razón de estar aquí perderá su sentido por completo.

- «Estoy desesperado...».
- «Llevo demasiado tiempo intentándolo...».
- «Es un mercado muy difícil...».
- «Creo que lo voy a dejar y me voy a buscar una vida digna».

Argumentos nacidos del dolor y la desesperación, provenientes de la falta de resultados. La pregunta que debemos hacernos cuando esas frases aparecen en nuestra mente es «¿Y adónde vamos a ir?».

Este interrogante nos ayudaría a tomar consciencia de que, en realidad, no hay un lugar hacia el que partir, que no podemos desertar de aquello que deseamos, que debemos seguir trabajando en el objetivo, porque después de él no existe nada más. Estamos diseñados para ser felices y experimentar una vida con sentido. Nunca deberíamos renunciar a desear, porque lo que queda después de rendirnos es una oscuridad absoluta, donde la identidad no puede manifestarse y las metas jamás se cumplirán.

En otro orden de cosas, debe quedar muy claro que no existen propósitos de vida trascendentes en comparación con aquellos que podrían parecer superficiales. Todos son igual de necesarios para la manifestación del universo, debido a que nacieron de nuestra parte divina y su realización permite al ser humano declarar el amor hacia sus metas.

Es evidente que no tiene más valor ser médico en África, que *influencer* en las redes sociales, porque juzgar el propósito es una forma más de resistencia hacia él. Es imposible conquistar aquello que se condena y repudia. ¿Cómo vamos a formar parte de un campo profesional que rechazamos? Es imprescindible aceptar por completo su naturaleza y, aunque haya partes que nos disgustan, debemos aceptarlas para integrarnos de manera completa en el sistema.

A muchas personas les cuesta reconocer en sí mismas un deseo de poder, éxito, fama... cuando en realidad eso es precisamente lo que eligieron experimentar dentro del juego. Se lo niegan y reprimen porque consideran que no puede haber un objetivo de vida tan frívolo y superficial.

Observar el propósito sin juzgarlo es imprescindible para poderlo alcanzar plenamente. Se trata de sentir las emociones que provoca dicho objetivo y dejar de buscar razones para alejarnos de él. Debemos amarlo con todos sus inconvenientes añadidos, igual que haríamos con un hijo, al que querremos con sus virtudes y defectos, pero que en ningún caso rechazaremos porque haya cosas que no nos gusten de él.

Define tus objetivos

Otra resistencia fundamental a la hora de la conquista es tener indefinido el propósito que deseamos alcanzar. Recordemos aquella frase que dice «Aquel que no sabe adónde va, probablemente no llegue a ningún sitio». Cuanto más especificado tengamos el propósito que deseamos conseguir, más fácil y rápida será su consecución.

—Me voy de vacaciones, ¿qué ropa meto en la maleta?

—No sé... ¿Adónde vas?

Saber la ropa que hay que llevar en la maleta es una tarea fácil o difícil dependiendo de cuán definido esté el destino al que nos dirigimos. En realidad, es tan simple como esto, pero nuestra mente, desde su dispersión, no observa ni desea objetivos concretos, lo que dificulta la consecución de nuestras metas. Imaginemos qué pasaría con el navegador del coche si, en vez de escribir el nombre de la ciudad, dirección exacta y número de la calle adonde vamos, le diéramos la orden de que nos lleve más o menos al sur de España.

Puede parecer que, en términos generales, tenemos bastante perfilado el propósito deseado, pero si lo analizamos con detenimiento comprobaremos que alberga demasiadas imprecisiones. Cuanto más concreto sea el objetivo, más fácil será establecer las estrategias adecuadas para realizarlo. No debemos ser ambivalentes a la hora de definirlo, porque la mente necesita premisas claras para funcionar de manera diligente.

Reconocer el deseo de dirigir equipos en el aspecto profesional está fenomenal porque hemos despejado las distintas variables que podrían confundirnos. Ahora sería aconsejable especificar el tipo de empresa y el cargo que deseamos ejercer. Definir y luego volver a definir. Cuanta más exactitud en la intención, más precisa se vuelve la energía que nos llevará hasta allí.

Si el objetivo es trabajar en la ciudad de San Francisco haciendo cine de animación, vamos por buen camino, a diferencia de aquella persona que le gustaría trabajar en algo relacionado con el entretenimiento y en una ciudad donde haya gente con talento.

Una vez que hemos hecho el esfuerzo de reducir el propósito a una frase que se explica por sí misma, el «cómo» viene incluido en la intención deseada. En este ejemplo vemos que las estrategias para comenzar la conquista del objetivo son casi una verdad de Perogrullo. Saber inglés, adaptar el currículo al modelo laboral, viajar antes a la ciudad para confirmar si nos vemos viviendo allí, establecer contactos con personas que trabajan en el lugar, hacer un máster especializado en dicha rama, etc.

Podríamos pensar que el hecho de tener una idea bastante aproximada de adónde nos dirigimos será suficiente para crear esta realidad; no obstante, esto es un tremendo error, porque la energía no tiene la capacidad de interpretar lo que deseamos. Recordemos que el universo son matemáticas y con las cifras no se puede discutir ni razonar: hay que entrar en su código de exactitud y mostrar un lenguaje lo más exacto posible. Tener exactamente definido el objetivo conlleva la ventaja fundamental de diseñar con claridad las estrategias para llegar hasta él.

Piensa lo difícil que resulta para la persona que trabaja en una heladería atender nuestro pedido cuando la conversación se produce de la siguiente manera:

—Quería un helado.

—Tengo diecisiete sabores distintos. ¿Cuál quieres?

—No sé... ¿de fresa?

—¿De qué tamaño? ¿Pequeño, mediano o grande?

—Hummm... mediano.

—¿Qué *toppings* quieres? Tengo catorce diferentes y puedes elegir hasta tres.

—Uf, pues virutas de chocolate, Lacasitos y sirope de mango.

Un pedido formulado con lógica sería: «Quiero un helado de fresa de tamaño mediano con *toppings* de virutas de chocolate, Lacasitos y sirope de mango». Seguramente todos podemos reconocernos en este tipo de situaciones u otras análogas. A no ser que la adiestremos para lo contrario, la mente nos hará creer que saber lo que deseamos será suficiente para poderlo realizar.

Cuanto más determinadas tengamos nuestras metas, antes nos pondremos manos a la obra para conquistarlas, porque el conflicto deriva más de tener un objetivo inexacto que del hecho de no saber cómo llegar hasta él.

Existe una corriente dentro del mundo del crecimiento personal que aboga por fluir con la vida dejándonos llevar por las situaciones del momento y, de esa forma, alinearnos con las intenciones del campo universal. Lo ideal sería tener un objetivo y un plan de conquista para, una vez comprometidos, soltar sin oponernos al flujo de la energía. El control es algo que se le da muy bien a nuestra mente y por esta razón la flexibilidad ante los acontecimientos que no podemos controlar nos ayuda a conectarnos con las corrientes de energía que necesitamos para llegar hasta la meta.

Una vez más se trata de equilibrio. Lo explica la metáfora del bambú que, cuando hace mucho viento, se deja mecer por él, a diferencia del árbol, que puede acabar derribado por oponer resistencia. Conviene advertir, sin embargo, que existe el riesgo de que el hecho de fluir demasiado se convierta en otra forma de resistencia disfrazada de sentido espiritual, cuando lo que el momento nos pide es que deberíamos establecer un plan.

Una de las principales formas de resistencia hacia el propósito es vivirlo de forma metafórica y parcial. Vivir en «modo sucedáneo» es el equivalente a tomarnos un descafeinado cuando nos gusta el café.

Si le preguntamos al músico que está con su guitarra en la calle si prefiere tocar ahí o en un local, probablemente nos dirá que le encantaría tocar en un gran recinto para que su arte se exprese en mejores condiciones. ¿Qué diferencia, entonces, que tenga un público de paso o uno que pague por verlo? La respuesta es el nivel de riesgo que esté dispuesto a asumir en uno u otro caso. Es obvio que los peligros inherentes a tener una audiencia reducida son mucho menores que los inherentes a una audiencia que se cuenta por miles.

Vivir a medias aparenta tener todas las ventajas y ninguno de los inconvenientes. Cuando adoptamos esta solución, el problema no radica tanto en lo que estamos viviendo, sino en lo que nos estamos perdiendo. A menudo nos resulta complicado determinar cuándo sucede y una forma de identificarlo es cuando nos encontramos con números repetidos: 11, 44, 555, 66, 22, etc. Encontrar este tipo de cifras de forma reiterada en la hora en un reloj digital, en una matrícula de coche o en lugares similares significa que estamos viviendo hasta la mitad y que deberíamos responsabilizarnos de los deseos que nos esperan en el camino restante.

Dijimos al principio del libro que el juego consta de dieciocho niveles o esferas de frecuencia. Cuanto más conectados estemos con el propósito deseado, más nos dirigiremos hacia los niveles superiores, y cuanto más miedo y resistencia tengamos, más vibraremos en los niveles inferiores. Por supuesto, no tienen nada que ver las experiencias del nivel cuatro con las del nivel dieciséis.

Una chica cuyo deseo sea convertirse en una estrella del ballet, siempre estará vinculada a proyectos relacionados con este contexto profesional. Pero puede ocurrir que la desconexión con su deseo la lleve a alejarse cada vez más de las esferas nucleares de la experiencia. De este modo, sus talentos esenciales siempre girarían en torno al baile, solo que cada vez de forma más diluida.

Pongamos un ejemplo para que se entienda mejor: Si el nivel dieciocho comporta ser la primera bailarina de la compañía, en el nivel diecisiete ya no sería la estrella, pero continuaría formando parte del elenco. En el nivel dieciséis sería la asistente de la coreógrafa, en el quince daría clases en una escuela de danza y en el catorce sería la secretaria de esa misma escuela. Y así podríamos seguir porque, con cada nivel que descendemos, más nos alejamos de la esfera principal y menos completos nos sentiremos.

¿Esto quiere decir que solo nos podemos realizar en

el nivel principal? No. Lo que quiere decir es que, cuanto más arriba nos encontremos, más realizados estaremos.

Siguiendo con la narración, cualquier propósito elegido contiene dentro de sí mismo todos los deseos que nos propongamos experimentar. De no ser así pensaríamos que una carrera profesional importante es incompatible con una vida emocional igual de importante. Nada más lejos de la realidad: el universo es inclusivo y todo tiene su espacio y lugar para poderse manifestar cuando se desea de verdad.

Lo que sí debemos entender es que, cuanto más ambiciosas sean nuestras metas, más conscientes tendremos que estar para integrar con responsabilidad sus diferentes aspectos. Nuestra mente está repleta de asociaciones de ideas que han ido forjándose con el paso del tiempo y que damos por ciertas cuando en realidad son partes de nuestra biografía particular.

- Si tienes hijos olvídate de ser libre.
- Tener pareja estable con un músico es imposible.
- Si eres rico, no podrás tener amigos de verdad.

Podríamos pensar que las estructuras de vida más estables favorecen la integración de los deseos y las más inestables fomentan exactamente lo contrario, cuando, en realidad, todos conocemos modelos de vida convencionales que son desastrosos y modelos más liberales que son armoniosos. Por esta razón, el diferencial no radica en la presunta incompatibilidad entre los deseos, sino en la creencia mental de que son incompatibles. Es la mente con su juicio tendencioso la que considera que es imposible tener de forma simultánea, familia, salud, dinero o un trabajo espectacular. El campo universal está compuesto de energía ilimitada y, por esta regla, la posibilidad de conquistar aquello que se pretende es infinita también.

La limitación, por tanto, solo existe en la mente del pensador. Liberarse de los pensamientos restrictivos es imprescindible, dado que impiden que el propósito sea libre para poderse expresar. Recordemos que fácil o difícil es un pensamiento y no una realidad objetiva que podamos comprobar.

> El propósito de vida está compuesto de todo aquello que elijamos desear.

Propósito sin consciencia

Pero quizá lo más impactante en relación con la conquista del propósito es cuando en la intención de lograrlo nos hacemos un daño irreparable. Esto sucede cuando, en el ascenso hasta la cima, somos incapaces de dominar y controlar nuestra energía en cuestión. Hay una lista interminable de personajes que se rompieron en mil pedazos durante la realización de sus metas: Elvis Presley, Marilyn Monroe, James Dean, Jim Morrison, Janis Joplin... y otros más contemporáneos: Heath Ledger, Kurt Cobain, Michael Jackson...

Todos conocemos el caso de celebridades que, al no dominar su energía baja, se dejaron invadir prácticamente por todo el mundo: parejas, familia, drogas, etc., haciendo bueno el refrán de «entre todos lo mataron y él solito se murió». De haber puesto límites al mundo exterior, no se habrían dejado arrastrar por todas las situaciones y experiencias inherentes a ser una estrella.

O aquellos otros artistas que, por no dominar su energía alta, acabaron desarrollando todo tipo de excesos y comportamientos autodestructivos, que terminaron finalmente en accidentes mortales o en debacles económicas extremas, producidas por dilapidar su inmensa fortuna.

En estos casos, no solo sufrimos las consecuencias de nuestra propia inconsciencia, sino que, de manera derivada, hacemos daño a las personas que más nos quieren. Cualquiera de estas celebridades nos contaría con detalle lo peligroso que resulta conseguir las metas que deseamos cuando la consciencia está insuficientemente despierta.

Pero no subestimemos al ego. Esto sucede de igual manera en todo tipo de profesiones, con la diferencia de que las personas que las ejercen no salen en las noticias porque son desconocidas para el gran público: abogados, científicos, médicos, empresarios, etc. Conseguir lo que deseamos es absolutamente desequilibrante para nosotros, al margen del campo profesional en el que destaquemos. Nadie está a salvo de las garras del ego, a no ser que nos volvamos seres más conscientes cuando los objetivos crecen exponencialmente.

Ponemos ejemplos de personajes conocidos porque son más fáciles de entender, pero el desequilibrio de la energía sucede por igual en todos los campos profesionales. Ejecutivos que ascienden a puestos directivos, deportistas que ganan medallas, agentes de bolsa que ganan mucho dinero de la noche a la mañana, etc. Nadie está exento de los peligros que conlleva alcanzar el éxito cuando la energía se utiliza sin consciencia.

A esto nos referíamos exactamente cuando explicábamos que el miedo a la energía condiciona la vida que nos atrevemos a vivir, porque, si no la manejamos correctamente, nos destruiremos con ella y también a los demás. Asimismo, perderemos por el camino nuestra moral, principios, sistema de valores y, fundamentalmente, la diferenciación entre el bien y el mal.

Por estas razones y muchas más, debemos ser conscientes de lo peligroso que resulta conquistar el propósito de vida que deseamos. De ahí la frase que todos conocemos: «Ten cuidado con lo que deseas, que seguramente lo conseguirás». Lograr lo que pretendemos conlleva un riesgo directamente proporcional a los resultados que obtenemos. Y huelga decir que, si no estamos muy despiertos, el peligro se volverá extremo.

Estos ejemplos de autodestrucción demuestran por qué tenemos tanto miedo a desear el propósito y explican la razón por la cual nos resistimos a llegar hasta las esferas principales del juego. De una forma u otra, todos nos hemos roto en experiencias pasadas y, debido a esto, todo lo que tememos que nos pase, ya nos ha pasado, y lo que deseamos que nos pase, nos ha pasado también. Pensémoslo con detenimiento: la mente no puede temer ni desear aquello que no ha vivido ni conoce. Por este motivo el miedo siempre está basado en hechos reales y nunca en suposiciones.

Estamos recreando constantemente acontecimientos del pasado, con el objetivo de volverlos a vivir de una forma más consciente. Regresamos al futuro, con la intención de conseguirlo esta vez de manera responsable y no mediante la identidad del verdugo y la víctima. Así evitamos caer en los desequilibrios inherentes a desear un propósito y utilizar irresponsablemente la energía para alcanzarlo. Es similar a cuando aparece en nuestra vida una oportunidad que en su momento no supimos aprovechar, lo cual nos brinda la posibilidad de hacer las cosas de manera diferente.

De este modo, cuanto más conscientes nos volvemos,

menos repetiremos las experiencias dolorosas grabadas en nuestra mente. Recordemos que nuestro historial de vida trasciende la actual partida que estamos jugando, porque a estas alturas del juego, todo es repetición. El miedo no nació de las experiencias vividas en la adolescencia o la infancia; es por eso por lo que nos cuesta tanto comprender la irracionalidad de nuestros temores ancestrales. La clave reside precisamente en que no son irracionales, sino perfectamente lógicos, porque lo sufrimos en etapas anteriores de la existencia, aunque no tengamos despierto ese recuerdo.

Estas memorias pasadas que nos condicionan solo pueden liberarse a través del despertar de la consciencia y el conocimiento interior. De no ser así, estaremos presos de esa biografía oculta, que no solo bloquea la consecución de nuestras metas, sino el hecho en sí de atrevernos a desearlas. Por eso es tan importante que nos escuchemos y comprendamos que la mente no desvaría ni fabula, porque lo que llamamos «imaginación» en realidad no es otra cosa que el contenido del inconsciente.

PROPÓSITO CON CONSCIENCIA

Es evidente que podemos alcanzar el propósito sin perder la vida por el camino; de hecho, hay una larga lista de personajes que alcanzaron el Olimpo sin que la experiencia diera como resultado su destrucción interior. Artistas internacionales de la talla de Paul McCartney, Sting, Meryl Streep, Bono, Bruce Springsteen, o nacionales como Penélope Cruz o Antonio Banderas, dan la sensación de que, estando en la cresta de la ola, pudieron hacerse perfectamente con las riendas de su energía. Este control confirma que se puede obtener una vida de recompensas y no por ello terminar sepultados bajo el peso de la fama o el reconocimiento profesional.

Podemos comprobar cómo estas personas llevan décadas vibrando en las esferas finales del juego, sin acabar devoradas por las exigencias contenidas en esas frecuencias de vibración. Podríamos decir que han ido despertando del sueño de la sombra y se han convertido en seres conscientes ante sus sombras; podemos afirmar, además, que lo que en su momento fue inconsciencia, ahora es consciencia despierta. Por razones obvias, es evidente que estos son los perfiles que más posibilidades tienen para llegar muy lejos, porque tornarse consciente de uno mismo es el único antídoto real ante las tentaciones del ego.

Se trata, por consiguiente, de naturalizar el hecho de tener una vida extraordinaria y vivirla de la forma más normal posible. Por esta razón debemos ser plenamente optimistas al respecto, porque es factible conquistar las metas más increíbles sin dejarse vencer en el intento. Pero recalquemos una vez más la necesidad de estar muy despiertos cuando conquistamos el propósito deseado, porque es el único remedio para esa terrible enfermedad que todos padecemos llamada «ego».

Lo que garantiza que la partida tenga un buen final es elevar nuestra consciencia al nivel más alto posible. Así, cuanto más nos conocemos, menos nos tememos, y cuanto menos nos tememos, más nos atrevemos a conquistar la vida que deseamos. Esto significa que tener una mayor autoconsciencia nos otorgará la capacidad de conseguir las metas que anhelamos de una manera responsable.

El propósito de vida no tiene punto final, siempre y cuando sigamos observando, eligiendo y deseando. En muchas ocasiones nos preguntamos cómo lo hacen los deportistas para seguir compitiendo a un nivel tan alto cuando lo han ganado casi todo. La repuesta es muy sencilla: siguen observando y deseando nuevos objetivos que conquistar.

Todo es eterno y en el caso de que hubiera un lugar concreto al que llegar, una vez alcanzada esa meta, ¿que quedaría después? La infinitud del universo consiste en que después de conquistar los objetivos deseados, si así lo queremos, podremos disfrutar de otra partida más. En cualquier caso, una vez alcanzado el último nivel de la partida, continuar viviendo en esa frecuencia de manera responsable, evitando que la mente disfuncional nos destruya, ya es un gran objetivo en sí mismo.

> Cuanto más te conoces, menos te temes.

Como dice el maestro espiritual Eckhart Tolle, «El ego es astuto», por tanto, nunca hay que subestimarlo. En este sentido, no es casualidad que cuatro de las palabras esenciales en las enseñanzas orientales sean: «atención», «consciencia», «presencia» y «observación». Esta consciencia interior sobre uno mismo es oro puro para todo aquel que se haya propuesto llegar hasta las pantallas finales del juego.

Atención plena significa estar muy alerta a los peligros inherentes a la consecución de los objetivos deseados y debemos tener muy presente que, una vez conquistado un determinado nivel, las cosas nunca serán como antes. Normalizar la aparición de dinero, casas, regalos, poder o una vida rica en experiencias facilitará que integremos de una manera orgánica las metas que estamos conquistando.

Diseñar el destino que queremos es fácil cuando comprendemos que la dificultad para conseguirlo surge del miedo a gestionar de manera irresponsable los resultados que se obtienen. Si somos conscientes de nuestros puntos ciegos, estos no nos dominarán cuando entren en escena y podremos vibrar en las esferas principales del juego, disfrutando de todos sus parabienes y dejando de sufrir ante la posibilidad de destrucción propia o ajena.

Amar el propósito no debería resultar un esfuerzo, pues se trata de algo tan natural como desear lo que nos gusta, y esto no debería requerir ningún tipo de esfuerzo por nuestra parte. Pero las resistencias nos bloquean y, ante la ausencia de resultados, comenzamos a cuestionarnos si de verdad tendremos talento o nos estaremos empeñando en apostar por el camino equivocado.

El miedo a la sombra nos impide desear de manera natural, lo que mediatiza nuestra vida conduciéndonos a una relación de desamor con el objetivo. Todos los ejemplos que hemos visto están relacionados con el miedo a esa parte de nosotros que tan destructiva se vuelve cuando no la dominamos. Si desear el propósito no tuviera como consecuencia la ruptura de la identidad, seríamos felices, y todos y cada uno de nosotros estaríamos conectados al propósito integralmente.

Cuando el juego comenzó, el miedo no existía y vivíamos en un jardín del Edén donde los sueños se hacían realidad y el ego no condicionaba nuestra esencia. Antes de que apareciera el ego, éramos consciencia jugando a crear realidades y ya hemos visto lo esencial que resulta tener una vida con propósito. Hemos explicado varias veces que el miedo a no dominar nuestra energía está condicionando la vida que no nos atrevemos a vivir, tanto por activa como por pasiva. Ha llegado el momento, pues, de quitar el velo y averiguar qué provoca que la energía se desequilibre y seamos incapaces de utilizarla de manera responsable.

4

Apego al deseo: la raíz del sufrimiento

El apego al deseo origina
la inconsciencia en el mundo

Todo es efímero

Una de las palabras más bellas de la tradición budista es «impermanencia». Todo es impermanente y transitorio, dice Buda. Esta frase indica que el sentido de propiedad es una ilusión creada por la mente y que pretender que algo sea para siempre es imposible por razones evidentes.

Todo se mueve y cambia de forma constante; las células, el clima, las opiniones... Esta es la esencia del mundo y pretender ir en contra de algo tan estructural será una batalla perdida de antemano. Debemos rendirnos al diseño del juego y aceptarlo tal cual es en vez de intentar cambiar las moléculas de su composición. Se trata, pues, de fluir aceptando la matemática del universo, la cual nos permitirá alinearnos con su esencia en vez de luchar contra ella.

No podemos pretender que la vida se vuelva inmóvil y permanente cuando su naturaleza es inestable, incierta e insegura. La estabilidad, certeza y seguridad son ilusiones mentales que los acontecimientos del día a día se encargan de confirmar. Apegarnos intentando que nada cambie es algo que el campo universal jamás nos podrá conceder, básicamente, porque ni siquiera nosotros seremos los mismos al cabo de un minuto.

Por supuesto que cualquier persona, objeto o situación puede formar parte de nuestras vidas durante mucho tiempo, pero, aun así, tarde o temprano cambiará de forma y tendremos que entender que dentro del videojuego nada es para siempre. Nos cuesta mucho aceptar esta inevitabilidad, porque nos resistimos a que aquello que tan felices nos hace desaparezca. La partida iniciada en su momento tarde o temprano tendrá que terminar, porque todo principio tiene un final.

La naturaleza, haciendo oídos sordos a nuestras quejas, continúa su curso demostrándonos que el movimiento y el cambio favorecen nuestro desarrollo personal. Por tanto, pretender que aquello que nos aporta felicidad se eternice y no cambie de forma es perder la guerra antes de empezarla, por más que nuestro ego no se dé por vencido e intente perpetuar lo que tanto valora.

Apego al propósito de vida deseado

Ya hemos comentado lo esencial que resulta atrevernos a vivir el propósito de vida y también que la energía que no dominamos entra en escena en la proporción en que lo deseamos. Nos queda por averiguar qué factor desequilibra nuestra identidad, originando la sombra y haciendo que seamos incapaces de utilizar la energía de forma responsable.

La respuesta a este interrogante es muy sencilla: nos apegamos al deseo de vivir, cumplir y experimentar nuestro propósito de vida. Es decir, nos apegamos al deseo de experimentar la vida que queremos y el grado de apego a esta determinará cuánto se desequilibra la energía que utilizamos para alcanzarlo. Así de simple.

Desear nunca fue ni será un problema; de hecho, evolucionamos deseando. El conflicto surge cuando nos apegamos a la vida que deseamos y, a partir de ese momento, todo vale con tal de conseguir nuestras metas. El nivel de apego que poseamos determinará lo inconscientes que nos volveremos respecto a nuestras acciones o inacciones.

Cuando nos apegamos a lo que deseamos, el ego

usurpa el lugar de la consciencia y pasa de ser el sirviente a ser su dueño. Podemos comprobar la irracionalidad que provoca en las personas aferrarse a aquello que consideran tan imprescindible para su supervivencia. Por consiguiente, lo que provoca el caos en el mundo en que vivimos es el deseo cuando nos apegamos a él y no el deseo en sí mismo.

«Apego», «dependencia» y «adicción» son sinónimos y debemos entender correctamente estos conceptos para identificar dichos patrones de conducta cuando aparezcan en nuestra vida. Una vez apegados al propósito deseado, nuestro comportamiento mental y emocional será más parecido al de un adicto que al de una persona responsable de sus actos.

El apego al deseo crea la urgente necesidad de que las metas codiciadas formen parte de nuestro mundo o continúen estándolo una vez que se han conquistado. Aferrarse al propósito resulta altamente gratificante para el ego, porque le ofrece seguridad y estabilidad, cuando la realidad es la contraria. Si algo tiene el poder de generar entropía y desorden en nuestra realidad es apegarnos a la vida que tan fervientemente anhelamos.

Vivimos con la falsa percepción de que obteniendo y acumulando lo que ansiamos estaremos a salvo de cualquier peligro y, por eso, dedicamos la mayor parte de nuestro preciado tiempo a conseguirlo y protegerlo.

«Mío» es el pronombre posesivo que pone en funcionamiento esta maquinaria tan destructiva para el ser humano, porque, a partir de ese precepto, todo aquello que pueda impedirlo se convertirá automáticamente en el enemigo. «Esto es mío y de nadie más», dice el ego. *Mi* casa, *mi* pareja, *mi* dinero, *mi* trabajo, *mi* familia, etc.

Una vez atrapados en el mundo de la forma material, aquello que resulte una amenaza para la consecución del objetivo será combatido y eliminado. En esos momentos, la inconsciencia está al mando y la consciencia, secuestrada.

El ego y el apego surgen cuando pensamos que la consecución del objetivo va a ser más difícil de alcanzar de lo que creíamos y esto despierta en nosotros la idea de que, quizá, el fin sí justifica los medios. Repetiremos que el problema en ningún caso es el deseo, sino el apego hacia él. Desear nunca fue ni será motivo de sufrimiento, apegarnos y quererlo conseguir a cualquier precio sí que lo es.

En la medida en que nos apegamos al propósito deseado, nuestro sistema energético empieza a desequilibrarse y la consciencia del bien y el mal se va desdibujando lentamente, siendo sustituida por actitudes y comportamientos ausentes de responsabilidad. Nos pasa lo mismo que a la criatura Gollum del libro *El Señor de los Anillos*, en el que se aprecia perfectamente lo destructivo que se torna el deseo cuando nos apegamos a él. Gollum representaría a nuestro ego y el anillo de poder representaría el propósito de vida al que estamos apegados.

Resumido en una frase sería: el grado de apego que tengamos al propósito de vida determinará el grado en que nos dominará la energía. Todo se basa en unas matemáticas proporcionales muy simples: si estamos apegados al deseo en un 23 %, invadiremos o abusaremos, o nos dejaremos invadir o abusar en ese mismo 23 %.

Es decir, en la misma proporción en que estemos apegados al propósito de vida, nos convertiremos en verdugos o en víctimas para que dicho deseo se haga realidad.

> Cuando nos apegamos al propósito de vida deseado.
> No dominamos la energía alta y abusamos
> e invadimos. No dominamos la energía baja
> y nos dejamos abusar e invadir.

Dicho esto, el apego al deseo tiene dos únicas formas de manifestación:

- Apego al deseo de conservar la vida que tenemos. (Presente).
- Apego al deseo de tener la vida que no tenemos. (Futuro).

Una de las consecuencias derivadas de apegarnos al propósito conquistado es que dejamos de observar y desear las partes de la vida que aún quedan por lograr. Porque desde ese instante, nuestra atención y energía estarán dirigidas a proteger lo conseguido, en vez de seguir deseando los niveles que quedan por alcanzar.

Esto es, si por apego al presente dejamos de desear las pantallas faltantes del juego, acabaremos viviendo las mismas realidades de siempre, en vez de las que quedan por experimentar. Este proceso nos llevará a vivir hacia atrás, en lugar de hacia delante, lo que significa que si queremos alcanzar la vida que no tenemos deberemos desapegarnos de la vida que ahora tenemos.

Si alguien tomando un café nos comenta que su vida actual no le gusta demasiado, podemos decirle sin temor a equivocarnos que está atrapado en su presente y su apego le está bloqueando. Esta regla se aplica igual para todos, porque al quedarnos a vivir en los resultados obtenidos perdemos de forma gradual la pasión por desear retos nuevos.

Esto refleja que nos hemos quedado atrapados en la esfera del juego conquistada, porque una vez alcanzada, resulta altamente satisfactoria para nosotros en comparación con la esfera de procedencia. Sería el equivalente a volar a nuestro país de destino y quedarnos a vivir en la ciudad donde el avión hizo escala.

Desde el instante en que quedamos presos de la esfera conseguida, protegerla se convierte para nosotros en algo fundamental y dejamos de prestar atención a las infinitas posibilidades que tenemos por explorar. De esta manera, nos sumergimos en un bucle temporal, donde el futuro desaparece y es sustituido por un eterno presente que no se acaba jamás.

Por eso, en muchas ocasiones, la vida nos impulsa a salir de la vibración en la que estamos escondidos, empujándonos hacia territorios inexplorados con la intención de que sigamos jugando la partida. Al fin y al cabo, es de lo que siempre se trató: tener dinero, estatus o bienes materiales forma parte del divertimento, pero en ningún caso es la razón principal de estar aquí.

Así que debe quedar muy claro que el apego a los objetivos logrados nos impide desear el futuro por alcanzar, ya que la mente prefiere lo bueno conocido que lo extraordinario por conocer. Solo cuando el presente nos hace sufrir es cuando encontramos la fuerza suficiente para partir en busca de nuevas aventuras.

Por supuesto que podemos repetir experiencias del pasado que nos hicieron felices, pero debemos entender que el mundo es muy grande y que tendemos a conformarnos con las realidades actuales en vez de salir a buscar otras nuevas. Estas rutinas limitan por completo la capacidad de seguir experimentando la identidad y el propósito de vida deseado.

Nos apegamos a aquello que deseamos. ¿Quién se apegaría a aquello que no le interesa, le repele o resulta indiferente? El origen de la adicción a las drogas, al poder, al dinero, al tabaco, al alcohol, al chocolate suizo, a la comida basura, etc., siempre viene originado por un deseo que se está viviendo sin consciencia. En definitiva, todas las dependencias son distintas formas de apego.

Lo podemos apreciar en aquellas casas cuya decoración tiene treinta años de antigüedad; el apego a los muebles o fotografías de las paredes transmite más la sensación de vivir en un museo que en un hogar que ha ido evolucionando con el tiempo.

La adicción a la comida puede provenir de estar apegado a un estatus social del pasado, en el que comer mucho era sinónimo de abundancia y pertenencia a una determinada clase social. Otro ejemplo en este caso real es el de una persona con mucho apego al dinero, que después de una serie de malas decisiones económicas, acaba viviendo en una calle llamada Monedero.

«Sí, estoy apegado a mi ciudad; la mía es mejor que la tuya», «Mi coche es más caro que el tuyo», «¿Cómo te puede gustar la verdura, con lo buena que está la carne?». Y así podríamos poner mil ejemplos de lo que significa estar apegado al deseo, donde nuestro ego nos hace pensar que quien desea algo distinto, por supuesto, está equivocado.

Reconocer cuándo estamos apegados es fundamental para podernos liberar de la situación. Si nos contamos una historia falsa, difícilmente podremos saber cuál es el origen del problema y resolver la causa que nos inflige sufrimiento. El deseo puede manifestarse bajo infinitos disfraces, pero el origen siempre será apegarnos a un presente que no queremos soltar.

Hemos escuchado en muchas ocasiones el comentario de: «Yo no tengo apegos porque vivo casi sin nada y puedo prescindir de todo lo material», lo cual es de todo punto incierto, porque rechazar cualquier tipo de pertenencia es un mecanismo de la mente para evitar el apego al deseo y no una forma de liberación de este.

«La música de antes era mejor que la de ahora».

«El cine clásico tiene más valor que el actual».

«Esto ya no sabe como siempre».

Si observamos, todos estos ejemplos están basados en la comparación y el elemento temporal y, por supuesto, son diferentes formas de apego hacia aquello que consideramos tenía más valor. Proceder de esta manera crea la realidad de estar atrapados en el tiempo, porque cuando dedicamos la vida a conservar aquello que tan precioso nos parece dejamos de crear nuevos recuerdos.

> **Apegarnos a lo que tenemos nos impide desear
> y conseguir lo que no tenemos.**

Que existan infinitos deseos por conquistar jamás debería ser un inconveniente, al fin y al cabo, de eso se trata este juego. El mundo es increíble y nos ofrece una infinita gama de posibilidades para manifestar todo aquello que seamos capaces de observar, elegir y desear. El problema no deriva de que la vida nos incite a experimentar dichos deseos, sino de la consciencia con la que vivimos dichas tentaciones. Es decir, el peligro no reside en la propuesta, sino en la respuesta.

Cerrar los ojos ante aquello que nos excita no es la solución para evitar sucumbir ante el deseo; más bien se trata de reconocer la fuerza emocional que desata en nuestro interior y estar muy presentes para discernir si se puede satisfacer de una manera responsable o no.

Aferrarnos a los deseos por conquistar evidencia nuestras carencias fundamentales, porque el futurible al que estamos apegados configura dentro de nosotros un modelo de identidad basado en la escasez, en el que la percepción que tenemos de nosotros mismos está condicionada por aquello que tenemos miedo de no conseguir. Con el acto de apegarnos a lo que deseamos dejamos de manifiesto que somos insuficientes.

Nuestra parte emocional no entiende el laberinto en el que se adentra cuando la necesidad imperiosa pasa por encima del bien y el mal. Debemos observar nuestras emeciones, pues mediante ellas nos saltamos los códigos conductuales, en el afán por conquistar el propósito deseado. Esta regla la aplican estupendamente los publicistas, porque saben perfectamente que lo que estamos comprando no es el artículo en cuestión, sino cómo este nos hace sentir.

Todo apego es, por su propia naturaleza, emocional. Son las emociones las que crean las adicciones y a través de ellas nos dejamos esclavizar. Racionalmente todos sabemos diferenciar a la perfección lo que está bien de lo que está mal, pero, llegado el momento, si somos muy dependientes de nuestro propósito, haremos lo que sea necesario con tal de llegar a realizarlo.

¿Hay algún problema porque deseemos la casa del anuncio?

Ninguno. Salvo que nos apeguemos a ese deseo y conseguirla implique pagar una hipoteca inasumible, cuando nuestra casa actual no necesita ser cambiada. No todo vale a cualquier precio. Probablemente, a nivel mental todos pensamos de manera similar, pero cuando las emociones entran en juego, si no estamos plenamente conscientes del apego, caeremos en las redes del ego, que probablemente nos haga una oferta que no podamos rechazar.

Hemos comentado hace un momento que el apego a los deseos futuros pone de manifiesto una percepción de insuficiencia sobre uno mismo. El miedo a no conseguir lo que se desea refleja la creencia de que somos incapaces de conseguirlo. Si nos asusta no poder alcanzar lo que deseamos, estamos evidenciando que no tenemos las habilidades necesarias para conquistarlo.

Estar apegados al deseo de tener dinero significa que nuestras líneas de pensamiento serán las mismas que las de una persona pobre y sin recursos. Analicémoslo. Cuando nos aferramos desesperadamente a nuestras finanzas, estamos dando a entender que no tenemos reflejos ni capacidad para resolver ese problema económico, en el hipotético caso de que sucediese.

Por supuesto el miedo a no tener dinero no se quita teniendo dinero; de hecho, provocará más apego aún, debido a que el patrimonio será mayor y la sensación de posesión se habrá incrementado a un nivel superior. En este ejemplo se puede apreciar perfectamente cómo el apego nos sumerge en una forma de pensar totalmente enfermiza, porque en vez de crear pensamientos de abundancia generamos pensamientos de carencia.

- Si nos apegamos al éxito, estamos pensando como un fracasado.
- Si nos apegamos al trabajo, estamos pensando como un parado.
- Si nos apegamos a la libertad, estamos pensando como un esclavo.

Estamos creando problemas que no existen ante el miedo a que puedan llegar a existir...

Cualquier persona apegada a la salud está pensando como un enfermo. En este caso, su vida estará mediatizada por el miedo a la enfermedad, lo que provocará que su salud no sea buena, porque es su forma de pensar lo que le enferma. Se trata de la profecía autocumplida. Insistimos: por estar apegado al deseo de tener salud pensará como un enfermo y eso será precisamente lo que le enfermará, poniendo en riesgo esa salud tan preciada.

Personas apegadas al deseo de vivir en pareja son incapaces de mantener una relación sentimental estable, dado que su objetivo es que la otra persona se adapte a sus huecos libres. Son curiosos estos casos, porque estos pretendientes en cuestión están disconformes con su vida afectiva y, sin embargo, cuando se produce la posibilidad de compartir su tiempo les molesta ceder parte de su independencia.

Los hay también que están apegados a conseguir un nuevo título, un nuevo reconocimiento, que hacen un curso tras otro buscando estar muy preparados ante las exigencias de su profesión pero que, no obstante, se quedan atrapados en el arquetipo del eterno estudiante. Siempre habrá un máster de especialización más, otro idioma que aprender y así, despacito, se les pasa la vida sin conectar nunca del todo con su esencia y desaprovechando su talento profesional.

La Cenicienta de la familia, apegada al deseo de que el clan continúe unido, organiza las Navidades en su casa, mientras sus hermanas dan por hecho que la cena de Nochebuena corre de su cuenta. A esto le sumamos que siempre estará dispuesta a echar una mano con sus sobrinos y que será la que lleve a su madre al médico. Este apego al deseo de que la familia permanezca unida la convierte en el personaje del cuento, pero quizá un día no pueda más y explote, haciendo real la frase de «siempre se mueren los buenos».

Hay personas apegadas a un sentido de libertad futura, que no quieren comprarse una casa, porque piensan que esa decisión les atará de por vida y acabarán viviendo una existencia gris dentro de esa realidad. Hay infinidad de asociaciones de ideas que el apego nos hace ver como verdades absolutas, cuando lo cierto es que son creencias personales imposibles de contrastar como algo real.

Tenemos quienes roban artículos que no son de primera necesidad, porque su economía no les permite costearse los caprichos que desean. Los guardas de seguridad de estos lugares nos podrían hablar largo y tendido de la sinrazón que provoca en los seres humanos el deseo cuando nos apegamos a él. Recuerda que no juzgamos a nadie, porque de alguna forma todos estamos en tesituras similares respecto al apego: por esa razón, el que esté libre de pecado que tire la primera piedra.

Apegarnos a los deseos futuros no discrimina y funciona exactamente igual para todas las personas del universo. Está claro que para evolucionar debemos asumir riesgos y que si nos moviéramos siempre en territorio seguro nunca avanzaríamos. Hay que atreverse a desear y conquistar esos deseos que aún no están a nuestro alcance, aunque exista el riesgo de quererlos conseguir a toda costa y de que nuestra víctima o verdugo tome las riendas de la situación.

El apego crea su propio mundo de fantasías y percepciones, que vistas desde fuera son ridículas, aunque vividas en primera persona nos parecen de lo más normal. Por eso es muy importante distanciarse de uno mismo y mirarse desde fuera, para, así, tomar perspectiva de la locura en la que nos sumergimos cuando estamos apegados al deseo y darnos cuenta de cómo nuestra mente distorsiona por completo la forma en que observamos el mundo.

Apego al positivo del deseo

Llegados a este punto de la información, es esencial comprender que cuando nos apegamos al propósito de vida tanto futuro como presente, siempre será al positivo y no al negativo. Hemos comentado que el diseño del universo es binario y que no existe bueno y malo. Pues bien, cuando nos apegamos al deseo siempre será al positivo de dicho objetivo y nunca a su opuesto.

Esto significa que nuestra mente ha dividido la meta que desea en dos partes bien diferenciadas, donde solo acepta la parte que le gusta y rechaza la que no le gusta. Lo curioso es que aquellos aspectos del propósito que juzgamos como positivos o negativos no son estáticos, sino que van cambiando con nosotros. Por esta razón lo que hoy nos parece bueno, mañana puede parecernos malo.

Dicho de forma fácil: nos apegamos a la salud, al dinero, al poder, a los bienes materiales, etc., pero jamás a su opuesto, la enfermedad, la carencia, la decadencia, la miseria, etc. Nadie se apega a la pobreza, a no llegar a final de mes o a estar sometido por las circunstancias. Cuando estamos atrapados en situaciones de vida muy dificultosas no es porque estemos apegados a dichas experiencias, sino porque deseamos de manera insuficiente el positivo y eso nos mantiene atrapados en esa baja vibración.

- Quien tiene un propósito vinculado al deseo de tener pareja no acepta el negativo, que representa la individualidad.
- Quien tiene un propósito vinculado al deseo de tener abundancia no acepta el negativo, que representa la escasez.
- Quien tiene un propósito vinculado al deseo de tener libertad, no acepta el negativo, que representa la dependencia.

Estas personas del ejemplo no aceptan que todo lo que existe tiene un reverso y que es imposible vivir permanentemente en el anverso. Tener más es el positivo del propósito de vida y tener menos es el negativo de dicho propósito. Cuando establecemos el objetivo de conquistar una meta, debemos comprender que, tarde o temprano, también viviremos su revés, porque es matemáticamente imposible que esto no suceda.

Comprender que todo deseo conlleva su negativo no significa que debamos conformarnos cuando no lo conseguimos. Si deseamos tener pareja tendremos que hacernos responsables de ese deseo, de igual manera que si queremos tener una economía solvente o viajar por el mundo experimentando la libertad. Se trata de seguir deseando en vez de frustrarnos con la vida cuando no lo conquistamos.

Cuando nos apegamos al positivo del propósito, forzamos la realidad para evitar encontrarnos con su complementario, intentando vivir permanentemente en aquello que juzgamos como bueno. Ni que decir tiene que esta dinámica siempre acaba mal, porque es imposible vivir permanentemente en la cresta de la ola, más bien se trata de comprender que el valle no podría existir sin la montaña y viceversa.

Se parecería a comer todo el rato la comida que nos gusta o pretender que haya trescientos sesenta y cinco días de sol al año, porque nos disgustan los días nublados. El negativo de lo que deseamos es matemáticamente imprescindible para poder mantener el equilibrio energético y emocional en nuestras vidas.

> **El positivo del propósito de vida que deseas no es sinónimo de bueno, es sinónimo de más. El negativo del propósito de vida que deseas no es sinónimo de malo, es sinónimo de menos.**

VÍCTIMA Y VERDUGO

Una vez esclavos del apego, convertirnos en víctimas o verdugos nos parecerá un mal menor, con tal de conseguir la vida que deseamos. Es evidente que, mediante estas identidades tan perniciosas, lograremos beneficios a corto o medio plazo, porque, de no ser así, dejaríamos de emplear la energía de esa forma tan irracional. A la luz de esta información podemos entender que el peligro siempre fue el apego al deseo y no la energía que utilizamos para conseguirlo o el deseo en sí mismo.

Es decir, cuando nos convertimos en víctimas o verdugos es porque obtenemos a cambio la vida que deseamos y no porque ponernos límites o ponérselos a los demás sea una cruzada imposible. Esto significa que no dominamos la energía porque en realidad no nos interesa hacerlo o, dicho de otra manera, porque nos interesa más conquistar el propósito al que estamos apegados y nos da igual la forma de llegar hasta él.

Preferimos pensar que nos falta autoestima o nos sobra agresividad a reconocer que nos situamos en el patrón mental de la víctima o el verdugo porque somos adictos al deseo. Aunque nos duela, siempre es mejor la peor de las verdades que la mejor de las mentiras. Por eso la verdad nos hace libres, porque se trata de responsabilizarnos del apego y dejar de juzgar como mala la energía que utilizamos para conseguirlo.

Está claro que cuando alguien se subestima, dejando que le hagan daño, o se sobrestima, haciéndole daño al otro, no está operando desde su parte sana, sino desde su ego o mente disfuncional. Si fuéramos conscientes de lo que estamos haciendo y de las secuelas que generan nuestras acciones, las frenaríamos de inmediato. Aquí conviene diferenciar entre ser conocedor y ser consciente. Y es que el conocedor no es consciente de las consecuencias de sus acciones o inacciones y el que es consciente sí que lo es.

Por eso no se trata de juzgar, ni de juzgarnos, pero sí de comprender que desconocer lo que está ocurriendo no nos libera de la responsabilidad de nuestros actos. Es el equivalente a esa frase que dice: «El desconocimiento de la ley no te exime de su cumplimiento». Debemos dejar de juzgar esa parte de nuestra identidad, sustituyendo, juicio por responsabilidad y así dejar de estar en manos de la dependencia al deseo.

Tanto la víctima como el verdugo están apegados a sus deseos presentes y futuros. Conquistar la vida que deseamos utilizando dichas identidades es demencial se mire por donde se mire, porque, en el mejor de los casos, aquello que conseguiremos de una manera tan inapropiada, tarde o temprano se volverá contra nosotros. El apego al deseo, en definitiva, provoca separación y enfrentamiento entre las personas.

Por miedo a la sombra, deseamos el propósito de vida a medias, lo deseamos poco o directamente lo dejamos de desear. Y la solución que encontramos fue que, si no deseamos mucho, tampoco nos apegamos mucho y la energía no se desequilibrará mucho. Y de esa forma creímos que la clave residía en desear menos, en vez de en aprender a desear sin apego.

La paradoja es que tan peligroso resulta renunciar al deseo como apegarnos a él. En efecto, ser esclavos de nuestras apetencias resulta destructivo para nosotros, pero resignarnos a vivir sin deseos también lo es. Por tanto, y esto ha de quedar muy claro, lo que provoca que no dominemos esa parte de nuestra identidad que tanto tememos es el apego al deseo de vivir nuestro propósito de vida y no el hecho en sí de desearlo.

El apego al deseo de experimentar el propósito
de vida es la causa, y abusar o invadir o dejarnos
abusar o invadir para conseguirlo,
la consecuencia.

¿POR QUÉ NOS APEGAMOS?

Una vez averiguado que el desequilibrio de la energía lo provoca el apego al deseo, conviene que nos preguntemos por qué nos apegamos a dicho deseo convirtiéndonos en víctimas o verdugos con tal de alcanzarlo. ¿Qué conseguimos a cambio?

Y la respuesta es que obtenemos sentido de la existencia. El apego al propósito de vida se produce cuando desde la mente inconsciente o ego pensamos que los beneficios alcanzados nos ofrecerán un sentido de la existencia que hasta entonces no teníamos. Es decir, nos apegaremos a los resultados, porque nos harán sentir que existimos y, a partir de esa asociación de ideas, creemos que, teniendo más, somos más y existimos más.

La razón por la cual sucede esto es que nos hemos identificado con nuestra mente y mediante el acto de posesión percibimos que existimos. Esto es, que la asociación de ideas que hacemos desde la mente disfuncional es si no tengo, no existo. Tener muchos amigos, tener mucho poder, tener mucho dinero, tener mucha salud... es la forma de decirle al mundo que no somos invisibles.

Desde este instante, interpretamos la realidad de la siguiente manera: cuanto más tengo, más soy. Cuando en realidad el orden secuencial siempre fue al revés: cuanto más soy, más tengo. Fue la identidad la que dio origen al propósito y no al revés. En el principio del juego, lo primero que elegimos fue la identidad, y el propósito que deseamos apareció tiempo después.

Por esta causa, el apego al deseo de tener dirige nuestras intenciones, y el verdugo y la víctima se convierten en los canales para lograr una mayor presencia en la vida. Asociar tener con ser es una bomba nuclear porque, a partir de ese momento, lo importante será obtener lo que deseamos, y nos dará igual lo que tengamos que hacer con tal de conquistarlo.

Cuando observamos actos irracionales imposibles de justificar es porque alguien está gritándole al mundo que existe y le da igual la manera de conseguirlo. Pretender existir a través de los deseos satisfechos es un tremendo error, porque, al igual que un adicto, necesitaremos cada vez dosis más altas para funcionar con normalidad. Mientras sigamos pensando que tener más nos hará ser más, el apego continuará dirigiendo nuestras vidas.

Todos conocemos a personas que, a partir de determinadas metas conseguidas, cambiaron sus conductas y su forma de relacionarse con los demás. Lo llamamos el «ego del artista», aunque en realidad es aplicable a cualquier profesión, por más que estos lleven siglos cargando con este sambenito social. Lo que le sucede a un actor, escritor, músico, pintor... cuando se ha apegado e identificado con sus logros es exactamente lo mismo que le sucede a un médico reconocido, un empresario de éxito o un deportista de élite.

Una vez apegados, todos manifestamos el mismo síntoma al considerar que los méritos alcanzados nos convierten en seres especiales frente al resto de la sociedad. Es evidente que somos únicos, pero no por tener casas grandes, coches de alta gama o titulaciones académicas. Cuando no estamos suficientemente despiertos, resulta muy sencillo sucumbir a los halagos y reconocimientos del mundo exterior y esto nos hace olvidar que, fuera del videojuego y una vez terminada la partida, todos somos iguales.

Vamos a poner un ejemplo real de lo fácil que resulta apegarse al deseo y de qué manera tan sencilla sucumbimos a la identificación con nuestros logros y posesiones. Durante el transcurso de una película medieval, necesitaron extras para varias escenas en las que aparecían tanto personajes humildes que representaran a los habitantes del pueblo como personas que adoptaran el rol de nobles o señores de la corte. En ambos casos a estos figurantes se les pagaba lo mismo, y su labor durante la filmación era la de aportar credibilidad a la trama, que evidentemente estaba a cargo de los actores protagonistas.

Al llegar el día de la filmación se los dividió en dos grupos de manera aleatoria, para que la mitad de ellos representaran al vulgo y la otra mitad, a los señores feudales. Se les vistió de acuerdo con la identidad establecida y se dispusieron a comenzar su jornada de trabajo. ¿Qué sucedió cuando se hizo la pausa para comer? Pues que, de manera inconsciente, ambos grupos comieron separados: aquellos que iban ataviados con ropas nobles se fueron hacia un lado y los que iban vestidos con ropas humildes se fueron al lado contrario.

Todos ellos desempeñaban la misma función, que no era otra que la de dar realismo a la película, pero sin darse cuenta se identificaron tanto con sus respectivos roles que fueron incapaces de mezclarse entre ellos mientras seguían vestidos con las indumentarias asignadas. Si en esta historia unos sencillos ropajes hicieron que unas personas se sintieran diferentes de sus semejantes, podemos imaginar lo que provoca en nosotros el éxito o el poder si nos apegamos a él.

Pretender encontrar nuestro sentido de la existencia a través de personas, logros materiales, etc. solo nos generará sufrimiento, pues aquello que obtenemos, ya sea amigos influyentes, relojes caros o mucho dinero en el banco, en ningún caso nos hará sentir que existimos de verdad.

> No somos porque tenemos,
> tenemos porque somos.

Vemos en las noticias de medio mundo cómo personas con actividades profesionales destacadas acaban formando parte de turbios negocios económicos, que dan como resultado su entrada en la cárcel o en los juzgados. Estos individuos, que inconscientemente tienen un deseo de escalar y alcanzar el éxito en su vida profesional, en realidad no tenían ninguna necesidad de delinquir. Pero el hecho de estar en el punto de mira de la sociedad otorga a su ego ese sentido de la existencia que hasta el momento no habían encontrado en su vida cotidiana.

Así que, una vez descubierto que el rol de víctima o verdugo les otorga el sentido de la existencia que no sentían, se convertirán en mártires de una causa que solo les beneficia a ellos. Este proceso provocará que su ego engorde cada vez más, porque, teniendo a los demás en su contra, existen, y si dejan de tenerlos, volverán a no existir. ¿Querrá su ego volver a la vida de antes? Seguramente no. Si ser honrados los hacía inexistentes, ser delincuentes los reivindica ante el mundo.

Podría ocurrir que se tornen conscientes del sufrimiento que están provocando y salgan airosos de semejante experiencia. Pero es fácil de entender que, si la persona no ha despertado, tarde o temprano volverá a tener problemas parecidos a los que tuvo para seguir teniendo el protagonismo perdido con su reinserción.

Huelga decir que antes de la explosión mediática que los llevó a ser juzgados, estas personas pasaban más o menos desapercibidas para el resto de la sociedad, sintiéndose poco importantes y viviendo su propósito de vida de forma parcial.

Por tanto, y aunque pueda parecerlo, las pertenencias, ya sean materiales, emocionales o espirituales, en ningún caso potenciarán nuestro lugar en el mundo, sino que más bien nos destruirán si nos apegamos a ellas.

La ironía más grande es que el hecho de apegarnos al propósito de vida deseado nos proporciona un sentido efímero de la existencia, dependiente siempre de agentes externos que la reafirmen. Evidentemente el nivel de presencia que buscamos manifestar en la vida no deberíamos encontrarlo en escenarios que exigen sufrimiento a cambio, porque podemos expresarnos sin la necesidad de convertirnos en una caricatura de nosotros mismos.

El ego, como si de un parásito se tratase, vive a nuestra costa nutriéndose de una energía que no es suya y encontrando a través del apego esa visibilidad que tanto desea. Y le resulta indiferente apegarse al yate de recreo porque encuentra existencia a través del lujo y el *glamour*, como hallarla a través de la desgracia si no ha podido encontrarla de una mejor forma. Conviene no olvidar que el ego es esa parte de nosotros que aún no ha despertado y vive con el permanente miedo a desaparecer.

Apegarnos a los resultados obtenidos o deseados impide que disfrutemos del juego porque toda nuestra energía estará concentrada en llegar a la meta y nos dará igual la forma de utilizarla con tal de finalizar la partida. Considerar que el medio no es importante y lo principal es el fin ensombrece el proceso de participar de esta experiencia tan apasionante.

La forma importa, importa mucho. Seguro que todos podemos encontrar infinitas excusas para justificar cualquier conducta por anormal que esta sea, pero la realidad es más sencilla que todo eso. Si tenemos que hacer el mal para conseguir aquello que deseamos, entonces esa intención no sirve. El hecho de estar apegados al deseo crea en nuestra mente una manera de pensar absolutamente disfuncional, porque a partir de ese momento el apego pasará a dirigir nuestras vidas.

El apego nos llevará a forzar cualquier tipo de acontecimiento, porque una vez apegados, no aceptaremos de ningún modo que el deseo quede insatisfecho. Así, doblegar la situación para hacerla realidad nos acaba pareciendo algo de lo más natural. Estar apegados es muy similar a un estado de enajenación temporal o permanente, dependiendo del grado de dependencia generada hacia el deseo en cuestión.

Debe quedar meridianamente claro que el problema en ningún caso radica en desear una vida mejor. Podemos proyectarnos en todo lo que anhelemos conseguir, con dos únicas condiciones: que, en el afán de conquistarlo, no nos hagamos daño ni se lo hagamos a los demás. Por esta razón, tenemos que dejar de criminalizar el deseo para poner la atención en la consciencia con que utilizamos la energía que es, en definitiva, a través de la cual originamos el sufrimiento.

Todos estamos apegados al propósito de vida deseado y lo único que nos diferencia a unos de otros es el grado al que estemos sometidos. Por supuesto, las personas que más trabajo interior tengan más liberadas se encontrarán ante la inercia de encontrarse a sí mismas mediante las posesiones. No es cuestión de compararse con el lama budista, que lleva toda la vida ocupándose de su liberación interior, pero tampoco podemos convertir en una tarea imposible la erradicación del apego, porque es mucho más fácil de resolver de lo que la mente nos hace creer que es.

Esa parte de nosotros que tanto teme morir, dirige nuestra vida a través de los comportamientos inconscientes del verdugo y la víctima. La triste ironía es que no necesitamos poseer nada para existir, porque somos consciencia eterna viviendo una experiencia terrenal, pero, al estar apegados a los resultados, hemos perdido la conexión con lo que en esencia somos. Consciencia pura experimentándose a sí misma a través de un propósito, una energía y una identidad.

LOS NUEVE TIPOS DE APEGO

Vamos a explicar a continuación los nueve tipos de apego existentes para que nos hagamos una idea aproximada de las tentaciones ante las que puede sucumbir nuestro ego.

- Apego al deseo de: mandar, ser independiente, dirigir, organizar, ejercer el liderazgo, decisiones, emprender caminos nuevos... Sucede cuando el propósito de vida de la persona está vinculado a aspectos relacionados con estar al frente de cualquier estructura, ya sea familiar, profesional, etc.
- Apego al deseo de: pareja, maternidad, amistad o cualquier tipo de relación personal, donde prive la intimidad y la distancia corta. Aspectos de vida donde amor y trabajo van de la mano o donde cooperar o establecer simbióticas se convierte en algo principal para la persona.
- Apego al deseo de: crear, ser artista, jugar, expresarse, divertirse... también a todo lo que tiene un componente social y, de igual modo, a hermanos e hijos. Un plan de vida relacionado con modelos de

vida creativos, donde el propósito pasa por hacer felices a los demás mediante el arte y la creatividad.

- Apego al deseo de: construir. A todos los objetos materiales... Trabajo, casa, cuerpo, raíces, tierra. Aquí vemos cómo este patrón de vida está vinculado con el deseo de resultados, de materializar y encontrar la seguridad material en cualquiera de sus formas. Las personas apegadas a estos deseos sufren mucho cuando lo predecible se convierte en impredecible.

- Apego al deseo de: comunicarse, a la libertad, a los viajes, al extranjero, a la aventura, a la sexualidad... Este modelo de vida está representado por la necesidad y el deseo de vivir experiencias de diversos tipos, donde la diversidad o el contraste se convierten en la razón principal a la hora de jugar y experimentar.

- Apego al deseo de: vivir las emociones, la familia, la comunidad, los países, la belleza, la armonía... En este caso el apego siempre es a cualquier tipo de ecosistema familiar o grupal y a las experiencias de una vida emocionante.

- Apego al deseo de: estatus social, reconocimientos, estudios, premios... y todo lo relacionado con la sofisticación, educación, valores y elitismo en cualquiera de sus formas. Este modelo representa el apego a un estado de bienestar espiritual.

- Apego al deseo de: dinero, poder y talento manifestado. Adicción a tener una vida plena en abundancia y desarrollo de las capacidades profesionales, donde lo importante es escalar y ocupar posiciones privilegiadas.
- Apego al deseo de: ayudar, sanar, cuidar... A todo lo que tiene un componente humanitario, al servicio a los demás, a las instituciones, a los organismos, a los gobiernos, a los Estados, a las creencias religiosas. En ese caso la persona se apega al deseo de ser necesitado y de sentirse útil y, de igual manera, a pertenecer a las grandes estructuras empresariales o gubernamentales.

Estos son los nueve tipos de deseo a los que podemos generar apego. Evidentemente solo son unas breves pinceladas, pero puede que nos sirva para vislumbrar dónde podríamos quedarnos atrapados dentro del juego.

5

Desapego y aceptación

La máxima libertad proviene de vivir
los deseos sin apego

¿CÓMO NOS DESAPEGAMOS DEL DESEO?

Hemos visto que apegarnos al deseo de vivir y experimentar nuestro propósito de vida trae sufrimiento a nuestro mundo, porque nos sumerge en la inconsciencia más absoluta. También sabemos que dejarlo de desear para evitar que esto suceda creará un problema tan grande como aquel que pretendemos resolver. Nos falta por averiguar cuál es la fórmula para vivir la vida que deseamos sin apego.

La única forma real de desapego se produce aceptando perder lo que deseamos. Es decir, nos desapegamos del propósito de vida deseado cuando aceptamos la imposibilidad de conseguirlo o aceptamos perderlo una vez que se ha conquistado. No hay otra manera más exacta que esta para liberarnos de las cadenas provenientes de desear la vida que queremos a cualquier precio.

Por tanto, nos desapegamos del propósito deseado cuando aceptamos perder lo conquistado (presente), y cuando aceptamos perder lo que resta por conquistar (futuro). Esto significa que en la medida y proporción en la que no aceptamos la pérdida, la utilización inconsciente de la energía se da por buena, con tal de hacer posible dicha realidad. Por consiguiente y resumiéndolo para que se entienda mejor, el desapego se produce aceptando perder lo que deseamos.

Siendo conscientes de que la sintomatología del adicto viene provocada por el miedo a la pérdida, acabamos de verle el truco al mago. Como dijimos anteriormente, nuestra mente encuentra a través del tener su sentido de la existencia. Por esta razón, la pérdida para el ego representa la inexistencia total: «Si no tengo, no soy y si no soy, muero».

La única y verdadera libertad reside en el desapego de los deseos. Aquella persona que es capaz de atreverse a desear la vida que eligió para sí misma y de manera simultánea vive desapegada de dichas intenciones es la que entra en comunión con las leyes del universo. Que sea fácil o difícil de realizar es algo que cada persona juzgará de manera individual. Lo que está claro es que esclavizarnos a los deseos porque nos hace sentirnos especiales resulta una tremenda ironía, porque el miedo a perder lo que tanto valoramos nos convierte en personas temerosas de la realidad.

Todo aquello que nos atrevamos a desear es susceptible de convertirse en apego; por eso en el pasado concluimos que la mejor solución a este enredo era dejar de desear, cuando, en realidad, la clave principal reside en desear sin apego. Reconocer a qué estamos apegados ya es parte de la solución, porque de no ser así, ¿cómo nos vamos a liberar de un problema que no somos conscientes de que está sucediendo? Tener consciencia de aquello a lo que estamos apegados es parte de la solución del problema.

Morir y perder para el ego son la misma cosa. Una vez que hemos asociado existencia a pertenencia, el miedo a perder lo que deseamos provoca pánico en nuestro sistema emocional. Nos apegamos a todo lo que no aceptamos perder, porque pensamos que cualquier pérdida nos llevará consigo, por eso la mayoría de las personas la vivimos como si de una muerte se tratara. Esta percepción errónea genera apego hacia aquello que la mente considera le otorga un lugar en el mundo. Indistintamente del nivel de consecuencia que tenga en nuestras vidas, una vez que la mente ha vinculado su sentido de la identidad al hecho de poseer, perder es la muerte.

En muchas ocasiones observamos sorprendidos cómo nuestros amigos viven de forma excesivamente dramática cualquier experiencia de pérdida, que observada desde fuera no parece para tanto. Evidentemente la risa va por barrios, y cuando somos nosotros los que dramatizamos nuestra pérdida particular son nuestros amigos los que nos miran asombrados pensando que exageramos ante dicha situación.

Quien no se apega a su salud no entiende al hipocondriaco, no porque le falte empatía, sino porque cualquier apego siempre es grotesco observado desde fuera. Dejémoslo claro, la pérdida no nos arrebata la existencia, porque, de ser así, no habría nadie certificando dicha inexistencia. Continuar temiendo la pérdida paradójicamente confirma que seguimos existiendo. Perder lo que tenemos, como veremos más adelante, no nos borra del mapa, sino que nos sitúa dentro de él.

Vivir con desapego no significa que los resultados nos deban dar igual o que la solución sea eludir los compromisos y responsabilidades inherentes a la vida que deseamos. No confundamos desapego con indiferencia, pues son cosas totalmente diferentes. Desapego es un estado de conexión con el orden universal, porque hemos comprendido que para alcanzar aquello que deseamos no necesitamos forzar la partida a nuestro favor. Indiferencia, por el contrario, significa renunciar al objetivo y que, a partir de ese momento, dejemos de desear nuestras metas.

Si vivimos desapegados, las posibilidades que el mundo nos brinda van a estimularnos mucho más, y aunque podría parecer que ese estado provocaría indolencia o aburrimiento, nada más lejos de la realidad. Deseando sin apego, capitaneamos nuestras circunstancias de vida, sin miedo a seguir observando las infinitas experiencias de vida que nos quedan por explorar.

Como hemos dicho, desapego no significa no desear, sino evitar apegarse a lo que se desea. Cuando estamos desapegados, nuestra libertad interior es absoluta y la sensación de que la vida nos pertenece es total, a diferencia de cuando somos esclavos de las pulsiones que nos sitúan a merced de los acontecimientos. Experimentar la vida desde un estado mental de desapego nos libera de la angustia que provoca la necesidad de resultados y la ansiedad ante la posibilidad de que se pierdan los beneficios obtenidos.

Vamos a descubrir en primer lugar cómo desapegarnos del presente y después explicaremos cómo hacer lo mismo con el futuro deseado.

DESAPEGO DEL DESEO PRESENTE

El escenario del apego al presente es el ahora, no hay otro lugar donde pueda estar sucediendo, y si ese apego lo arrastramos desde el pasado se repetirá y actualizará en nuestra vida actual. Todo está pasando aquí y ahora. Cuando el presente nos disgusta, es evidente que estamos apegados a ese modelo de realidad, por tanto, debemos identificar cuáles son esos resultados obtenidos que tanto nos resistimos a soltar.

Es curioso que, en distinto grado, a todas las personas nos pase más o menos lo mismo. Nos aburrimos de la vida que llevamos, pero no terminamos de entender que eso está sucediendo porque no aceptamos soltar la realidad que nos asfixia. El miedo a la sombra y sus consecuencias derivadas esclaviza nuestra realidad, abortando la posibilidad de cambiar y enfrentarnos a lo inexplorado.

El apego al presente nos condena a repetir siempre el mismo día, quedando presos en un interminable bucle, como sucede en la película *Atrapado en el tiempo*. Desde ese momento, dejamos de avanzar y crear nuevas experiencias que nos estimulen a evolucionar y seguir participando de la aventura. Ser conscientes del miedo a que nuestro mundo conocido cambie de forma ya es una manera de desapego, porque ese mismo mundo que no queremos soltar es el que nos mantiene encadenados.

¿De qué partes del presente nos tenemos que desapegar?

De aquellas experiencias que terminaron su ciclo y están agotadas.

Soltar lo que acabó es una explosión de energía vital

para el sistema emocional, porque, por mucha ansiedad que nos provoque lo desconocido, observar las enormes posibilidades que hay por explorar compensa de largo el enfrentarnos a ese espacio vacío que surge ante nuestros ojos. Si lo pensamos bien, es más orgánico para el ser humano continuar camino cuando algo ha concluido que aferrarse a él y quererlo perpetuar eternamente. Nuestra esencia está construida sobre el deseo de jugar y experimentar, y no en conservar y amordazar la vida para que todo siga como siempre.

Pérdida, ruptura o separación en realidad son la misma cosa. Aceptar de una manera más natural cualquiera de estas tres variables nos permitirá avanzar rumbo a las experiencias que nos esperan más allá y soltar las cadenas que nos mantienen esclavizados en la realidad del presente. Aceptar lo concluido no significa que nuestro mundo se vaya a romper del todo, sino que cambiará de forma adoptando una imagen distinta. De cualquier modo, solo cuando comprendamos que aferrarnos a lo conseguido es más doloroso que dejarlo marchar, empezaremos a relacionarnos con la pérdida de una manera más racional.

De hecho, cuanto más nos apegamos a una etapa finalizada, más posibilidades habrá de que la terminemos perdiendo traumáticamente, porque aferrarnos a ella genera una fuerza opuesta a lo que pretendemos evitar. Aquello que hemos perdido varias veces a lo largo de la vida está mostrando nuestro apego principal, dado que cuanto menos aceptamos perder algo más lo perdemos. En realidad, es la única manera para aprender a experimentar esos acontecimientos con menos dramatismo y sin miedo.

Cuando aceptamos soltar, nos encaminamos hacia la siguiente etapa de la vida, evitando esas repeticiones que tanto nos hacen sufrir. Por el contrario, cuando nos resistimos a aceptar lo que concluyó, esa experiencia se eterniza y estanca repitiéndose en círculo hasta comprender que aquello se acabó. «El apego crea desapego», declaran las tradiciones hinduistas. Esta es una maravillosa forma de explicar que, cuanto más fuerte agarremos lo que debemos soltar, antes y de peor forma lo perderemos. Paradójicamente, intentar parar el tiempo es una pérdida de tiempo.

> **Lo que no se acepta perder se repite.**
> **Lo que se acepta perder se resuelve.**

- El hombre que no aceptó perder su trabajo y cuando encuentra uno nuevo lo pierde otra vez.
- La mujer que no aceptó perder su dinero y tiempo después se vuelve a encontrar con esa experiencia en su vida...
- La persona que no aceptó perder a su pareja y

cuando tiene otra relación, de nuevo la vuelve a perder.

Y así innumerables casos, todos con el mismo denominador común, que no es otro que la necesidad fundamental de aceptar lo que se ha perdido para que deje de repetirse de forma insistente en nuestras vidas.

¿Cómo diferenciar cuándo hay que seguir deseando o cuándo ha llegado el momento de soltar y no empeñarse más?

Esta pregunta es recurrente, porque nos cuesta mucho discriminar cuándo seguir deseando o cuándo es el momento para cambiar de rumbo y dirigirnos a nuevos horizontes. La respuesta es muy sencilla y vuelve a tener relación con el tema de la energía. Si seguir apostando por lo que deseamos no nos obliga a forzar los acontecimientos, todo estará bien y si, por el contrario, para seguir deseando tenemos que forzar la situación, todo estará mal.

Aceptar lo que pudo haber sido y no fue evita que tengamos que volver a pasar por esas experiencias de forma repetida una y otra vez. Aceptando lo sucedido, entramos en sintonía con el campo universal y dejamos de pelear contra lo que ya no tiene vuelta atrás. Abrazar las pérdidas del presente y rendirnos a esa realidad nos conduce directamente hacia el futuro, dejando por fin de tropezar varias veces con la misma piedra.

La manera objetiva de desapegarnos de nuestros deseos futuros sigue una línea muy similar a la de los del presente. Solo que, en este caso, el apego se sostiene sobre algo que aún no existe, pero que reconocemos deseamos alcanzar. Esto sucede cuando hemos observado y elegido un objetivo determinado y nuestro sistema emocional se pone a trabajar para convertirlo en realidad. Mientras el deseo estaba exento del apego, todo iba de acuerdo con el plan, pero en el momento en que el apego empezó a tomar posiciones, la intención comenzó a desvirtuarse y aquello que nos daba felicidad pasó a hacernos sufrir.

La fórmula para vivir los deseos futuros sin apego pasa igualmente por aceptarlos perder y no forzar para alcanzarlos a costa de lo que sea. Si lo que deseamos no está pasando, no está pasando y se acabó. De nada servirá que nos enojemos o queramos doblegar la experiencia para que caiga de nuestro lado. Se trata de poner en funcionamiento las energías necesarias para la consecución de los objetivos, pero desde un lugar donde no reine la ansiedad por conseguirlos. De hecho, cuanto más desapegados vivamos de los resultados deseados, antes se materializarán en nuestra vida.

Hemos oído muchas veces la frase «Cuando dejé de desear, apareció lo que tanto deseaba». Debemos entender que no es dejar de desear lo que conduce hasta el objetivo, sino el acto de desapego de este lo que hace posible que surja la oportunidad cuando hemos tirado la toalla. Lo que no se desea no se consigue, conviene recordar que el campo de energía responde a nuestras demandas y, si la petición no se realiza, es imposible que pase a formar parte de nuestra realidad.

Cuando vivimos cualquier experiencia despreocupándonos por completo del resultado, la energía fluye de formas que no podemos llegar a entender. Enfrentarnos a cualquier situación soltando las expectativas y concentrándonos en el proceso nos permite sentirnos libres para encarar la experiencia en las mejores condiciones posibles.

¿Puede suceder que deseemos el futuro que no es?

No, siempre estamos deseando el futuro correcto, lo que cambia, como explicamos en el ejemplo de la bailarina, es el nivel de esfera en el que nos estamos expresando y cuán metafórico se vuelve el propósito respecto al deseo original. Debemos entender que siempre estamos viviendo la vida que deseamos, solo que en distintos grados de intensidad.

¿Podría suceder que tengamos que renunciar al propósito deseado y desapegarnos de él porque no somos capaces de conseguirlo?

Jamás. Puede ocurrir que tengamos que aceptar perder algunas batallas, pero nunca debemos aceptar perder la guerra. El propósito de vida más tarde o más temprano se hará realidad, porque el videojuego fue diseñado para que así sea. Lo que cambia es la manera de llegar hasta él: si nos resistimos mucho, será a través de la pérdida y, si nos entregamos al deseo sin apego, será a través de la energía y la consciencia.

La forma de discernir si la energía que utilizamos vibra de forma coherente o está contaminada por el apego es sencilla. En el primer supuesto, todo fluirá armónicamente y los resultados irán apareciendo de forma natural, y en el segundo, la energía se desordenará y la manera de conseguir los resultados generará sufrimiento. Cuando hablamos de aceptar perder el futuro deseado, no estamos diciendo que debamos conformarnos con la posibilidad de no alcanzarlo, sino de rendirnos a la posibilidad de que, en ese mismo momento, no está ocurriendo.

Saber cuándo dar un paso atrás para reagrupar las tropas no significa retirarse de la contienda, sino tomar espacio para adoptar nuevas estrategias y permitir que la energía se organice de modo diferente. Bajo ningún concepto, sin embargo, deberemos dar media vuelta y buscar metas que nos parezcan más accesibles que las que deseamos de verdad. Así que no hay excusa posible, porque todo fue diseñado para desear hasta el final y conquistar las metas que nos hayamos propuesto. Esta es la clave y de eso se trata, pensemos que desapego y fertilidad son la misma cosa, porque desapegarnos del deseo crea el espacio necesario donde volver a desear.

¿Cómo diferenciamos aceptación y resignación ante una pérdida?

Este planteamiento es muy necesario, porque confundir ambos términos es uno de los motivos que producen más confusión en las personas. La respuesta es la siguiente:

La resignación ante la pérdida conlleva dentro de sí misma emociones de enfado, bronca y frustración, al revés que la aceptación, que genera emociones de paz y serenidad.

Resignarnos ante una pérdida no implica desapego, sino más bien todo lo contrario. La persona resignada está resentida porque no sucede lo que desea, lo que demuestra claramente que sigue apegada y, como no lo consigue, se enfada. Resignarnos produce victimismo, y responsabilizamos a los demás de aquello que no está pasando en nuestra vida. Esta dinámica tiene rasgos infantiles, dado que todos sabemos que el hecho de enojarnos en ningún caso modificará la situación. La ira, la rabia o emociones análogas siempre van por dentro y, aunque el ego de la persona parezca rendido, mientras exista enfado estaremos lejos del camino.

La aceptación de la pérdida, por el contrario, sumerge a la persona en un estado de quietud interior, ya que el ego ha dejado de luchar e intentar cambiar la situación. Aceptar lo sucedido significa alinearse con el acontecimiento y entrar en comunión con una experiencia que, por muy dolorosa que nos resulte, no puede modificarse. Bajo estas circunstancias, debemos comprender que dicho acontecimiento no aparece en nuestras vidas para que busquemos una solución, sino para aceptarlo y abrazarlo. Perder a un ser querido, un trabajo, una pareja o la casa en que vivimos son situaciones que requieren desapego y aceptación por nuestra parte cuando no hay solución posible al respecto. La pregunta que debemos plantearnos es qué mensaje trae a nuestras vidas esa experiencia y comprender el patrón de información que tenemos que hacer consciente. Esto evitará que sea innecesario volver a pasar por situaciones parecidas, o que las pérdidas futuras en caso de producirse no sean tan estructurales. En cualquier caso, perder como tal seguirá existiendo, aunque el objetivo que hay que cumplir es que aparezca en nuestras vidas de la forma más amable posible.

Acepta el negativo del deseo

La siguiente forma de vivir el propósito de vida sin apego consiste en aceptar su negativo. No aceptar el negativo del propósito alimenta el apego al positivo. Lo que implica que seguiremos generando enganche y dependencia, dejando de aceptar el polo complementario de la vida que deseamos vivir. Al igual que sucede con la sombra, el juicio favorable hacia una cualidad crea un agravio comparativo con su opuesto y nos impide experimentar esa parte de la unidad.

La mente identificada con sus logros considera que el negativo del propósito y perder son la misma cosa, porque aquello que no le apetece vivir lo interpreta como una pérdida. Si nuestro propósito elegido implica experimentar el éxito, debemos comprender que su opuesto es el fracaso. Esto no significa que tengamos que desear vivir esa experiencia, ni siquiera que tenga que suceder, más bien se trata de entender que todo anverso tiene su reverso y que uno jamás podría existir sin el otro.

El apego al positivo del propósito siempre implica rechazar su negativo, lo que significa que nuestro ego querría estar constantemente subido en la montaña rusa sintiendo a todas horas las emociones provenientes de dicha elección. Pero esto conlleva un desgaste energético tremendo para el sistema emocional y, por supuesto, desequilibra las partes de nuestra identidad que mencionamos en su momento.

Es imposible vivir permanentemente en el positivo, porque, por muy excitante que nos resulte, acabará siendo altamente destructivo para nosotros. La vida es orden y su equilibrio natural dota de sentido a las vivencias que vinimos a experimentar a este lugar. El negativo existe precisamente por esta razón. Vivir el polo opuesto de nuestro propósito nos permite descansar de estar siempre en lo alto, dejando espacio para experimentar los estados bajos de energía, que son fundamentales para recuperarnos del estrés y descansar de nuestro objetivo.

Debemos ser coherentes con el diseño de este universo y aceptar el reverso de aquello que deseamos de forma natural para no sufrir innecesariamente cuando nos encontremos con dicha experiencia. Si nos compramos una casa en una buena zona, pagaremos más impuestos porque el suelo será más caro, el vehículo de alta gama que hemos adquirido conllevará que el seguro también cueste más, si nos gusta el gimnasio, tendremos que aceptar las agujetas y el esfuerzo. Convivir con animales de compañía significa invertir dinero en sus cuidados, y si tenemos un bebé recién nacido, probablemente pasaremos malas noches.

Si la realidad no tuviera un opuesto, seríamos incapaces de valorar las experiencias que a diario vivimos. No podríamos diferenciar el verano del invierno, ni tampoco si nos hace más felices el frío o el calor. Mediante la comparación, una vez observadas ambas polaridades, podremos decidir si nos gusta más el sushi o el pescado a la plancha. La dualidad universal nos permite comparar y decidir qué nos gusta menos y qué nos gusta más.

¿Cómo podría existir lo grande sin lo pequeño?, ¿o lo salado sin lo dulce?

Positivo y negativo son aspectos de la misma unidad, por más que la mente se empeñe en generar juicio y comparación entre ambas partes. El campo universal no exige que nos guste el negativo de la vida que queremos, nos recuerda que lo debemos aceptar porque existe y forma parte de lo que deseamos.

El negativo del propósito de vida se puede apreciar muy bien en profesiones que en esencia son muy excitantes, como puede ser la de músico de rock. Si le preguntáramos a Mick Jagger, líder de los Rolling Stones, si ha vivido el negativo de ser una estrella del rock, nos mirará sorprendido y responderá. «¡Por supuesto, todo el rato o qué piensas que son las pruebas de sonido antes de cada concierto, las largas horas de avión o los hoteles en los que pasas la noche, cuando preferirías dormir en tu casa, una vez que acaba el show».

En otro lado tenemos a la actriz española Penélope Cruz que, viviendo y triunfando en Hollywood, se tomaba un vuelo de catorce horas para estar en España y asistir a la entrega de los premios Goya del cine español donde estaba nominada. Para al día siguiente volver a tomar el avión de regreso y continuar con sus obligaciones profesionales en Estados Unidos.

Pensaremos que en el caso de estas personas es muy fácil aceptar estas servidumbres de la vida, cuando, a cambio, ganan mucho dinero, duermen en hoteles de cinco estrellas y se relacionan con gente importante. La realidad es que estos artistas tan exitosos ya tenían esa misma capacidad de aceptación al inicio de sus carreras, cuando el equivalente al avión privado era el metro y el de las casas lujosas, una vivienda compartida.

Curiosamente aquellos que más facilidades tienen para no encontrarse con el negativo de sus profesiones son los que menos ejercen este privilegio. Por eso, entre otras razones, están en lo alto de la pirámide, porque han entendido que desear algo de verdad implica aceptarlo por completo. Los artistas internacionales aceptan las promociones o giras mundiales de sus películas porque saben perfectamente que forma parte de sus responsabilidades, indistintamente de las ganas que tengan de vivir esa experiencia. En muchos casos no se trata de lo que nos apetece, sino de lo que debemos hacer.

Existen innumerables casos de profesionales que solo aceptan el positivo de su carrera y rechazan frontalmente su negativo. Esto, por supuesto, invalida cualquier posibilidad de conseguir la meta deseada, porque es imposible lograr algo que consta de dos partes, cuando solo se acepta una de ellas. Esta es la matriz de todas las paradojas existentes: no se puede conquistar solo el positivo del objetivo, puesto que los dos polos van unidos y si solo aceptamos el que nos gusta, acabaremos por no vivir ninguno de los dos.

Si desde nuestra posición actual aceptamos con normalidad el negativo del objetivo, empezaremos a conectarnos con él desde un lugar de amor y no de rechazo. Cuanto más aceptamos el negativo del propósito de vida, más nos desapegamos del positivo y más unificados estamos con la frecuencia completa. Que todo tenga su complementario demuestra que el universo es inteligente y no la consecuencia de explosiones de energía o de una serie de casualidades entrelazadas. Nuestro ego, por descontado, se opone a semejante perfección y no solo se atreve a discutirlo, sino incluso a combatirlo cuando la vida simplemente nos recuerda que estas experiencias terrenales existen y no podemos vivir ignorándolas.

- Lo que sucede abajo sucede arriba.
- Lo que sucede dentro sucede fuera.
- Lo que sucede antes sucede después.

> Aceptar el negativo del propósito de vida,
> nos libera del apego a su positivo.

Pero quizá las dos formas más objetivas de aceptación de la pérdida son de las que vamos a hablar a continuación. Podríamos decir que estas reglas engloban en sí mismas todas las formas de desapego posibles y que, aplicándolas correctamente, seremos libres de las esclavitudes del deseo. Las podemos resumir en las siguientes frases:

- Aceptar perder dejando marchar.
- Aceptar perder marchándote tú.

En este primer caso, la pérdida o separación viene provocada por una tercera persona o acontecimiento del exterior. Esto lo podemos apreciar con claridad en las áreas emocionales, donde la pareja con la que compartimos años de vida decide que ya no es feliz en esa relación y se quiere ir. Aquí la clave reside en aceptar que aquello se terminó y deberíamos ser respetuosos con la elección de la otra persona, por mucho que nos duela.

Es aplicable de igual manera a cuando un hijo se va de casa, nuestra mejor amiga se marcha a vivir con su nuevo novio a Bali o un ser querido fallece de repente.

Por supuesto, nuestro ego estará en desacuerdo con lo que acaba de ocurrir y hará lo imposible para que todo siga como siempre. Si alguien se ha marchado, hay que asumir esa pérdida y dejarlo partir. Utilizar la identidad de víctima o verdugo para impedirlo solo retrasará lo inevitable y el precio que pagar será el daño que haremos o permitiremos a los demás.

Dejar marchar implica todas las variables posibles que podamos llegar a imaginar: relaciones emocionales, proyectos profesionales, lugares, animales, familia o situaciones de distinta índole. Si bien es cierto que se refleja mejor en las personas, es aplicable a cualquier contexto de nuestras vidas. Resistirnos e intentar forzar para que todo siga igual serán intenciones estériles que no tendrán buen final.

En este punto debemos separar el dolor del sufrimiento para no confundirnos y complicar la situación aún más. La diferencia estriba en que el sufrimiento es mental e implica victimismo, tragedia y drama, y el dolor es emocional e implica aceptar que lo sucedido nos duela. En el primer caso, la persona se resigna e intenta encontrar protagonismo mediante la estética del sufrimiento y, en el segundo, acepta su dolor accediendo a que el sistema emocional haga su trabajo. El budismo lo explica con una imagen muy bonita: «Deja que la emoción llegue, siéntela y una vez sentida, ella seguirá su camino».

Aceptar que alguien se marche de nuestra vida representa un síntoma de consciencia despierta por nuestra parte. Comprender que aquello que ha estado en nuestras vidas tiene que continuar su camino es una manera de honrar lo vivido y de amar a quien se fue. Siendo así, habremos entendido que ese vínculo ha cambiado de forma y nosotros también debemos avanzar hacia nuestro destino.

Duele que aquello que ha estado tanto tiempo en nuestra vida continúe su viaje, pero a estas alturas del libro, ya sabemos que en el universo todo está sujeto a cambio y debemos aceptar que su propósito le pide seguir buscando la materialización de sus deseos en otra parte. Resistirnos a dejar marchar no es un acto de amor, sino de apego, y el apego, evidentemente, no refleja amor, sino posesión. Esta regla universal rige para todos y de nada sirve oponerse al diseño imaginado por la consciencia superior.

Por tanto, es natural que nos neguemos a entender que algo que ha formado parte de nuestro día a día ya no esté. Se trata de atravesar la situación sintiendo las emociones que dicha pérdida requiere, pero evitando llevarlo a los extremos del drama o a la superficialidad. Admitir que la pérdida nos duele es sanador, porque aceptando lo que ha terminado estamos reconociendo que la experiencia fue real y en nuestra memoria emocional quedarán para siempre los buenos momentos vividos.

Cuando alguien necesita aceptar una ruptura que ha sido especialmente dolorosa y no encuentra consuelo en razonamientos o argumentos que se le puedan ofrecer desde fuera, debe entender algo esencial: cuando esto nos sucede es porque «ahora toca otra cosa». Esta es una frase que resume perfectamente cualquier situación y ayuda a evitar el sufrimiento. «Ahora toca otra cosa» significa que ese modelo que teníamos ya no nos sirve y debemos comprender que las experiencias que necesitamos para crecer han cambiado de forma.

Cuando algo se ha marchado de nuestras vidas es porque ha llegado la hora de vivir otras experiencias que nuestra consciencia necesita expresar. Y como ya sabemos que en este universo todo es perfecto y sucede por una razón, abrazar este orden natural nos dará paz y tranquilidad, al entender que todo lo que nos pasa es para bien y nada sucede por azar. La imagen se parecería a estar parados en el puerto, mientras el barco se aleja, aceptando su partida.

MARCHARTE TÚ

En este tipo de pérdida sucede exactamente al revés que en la primera. Aquí la clave principal reside en que somos nosotros los que tenemos que marcharnos de la situación que nos ocupa. Aceptar marcharnos es la forma total de liberación hacia cualquier tipo de apego. Esto significa que una vez aceptado lo que se fue, quien ahora tiene que partir somos nosotros. Nos desapegamos yéndonos de la situación y con la condición innegociable de hacerlo sin mirar atrás.

Mirar atrás cuando nos estamos marchando significa que nos estamos quedando. El que se va pone la mirada al frente porque ha comprendido que «ahora toca otra cosa» y que toda su energía debería estar disponible para los nuevos retos y desafíos que le esperan. Es decir, que dejamos de observar a quien se va y comenzamos a observar adonde nosotros queremos llegar. Debido al apego sucede muchas veces que, aun aceptando la partida del otro, seguimos atrapados en aquella casa, ciudad o trabajo, resistiéndonos a partir, cuando la situación nos exige progresar y seguir avanzando.

¿Marcharse es literal o metafórico?

Se dan ambas situaciones, pero es evidente que la más precisa de las dos y la que contiene dentro de sí las dos variables es la de marcharse de verdad. Marcharte de esa sociedad profesional a la que estás apegado, de esa relación sentimental que no funciona o de esa ciudad que no tiene mar. Aunque resulte muy obvio lo que nos conviene, es increíble la cantidad de resistencia que generamos hacia algo que resulta tan evidente y que está demandando urgentemente que salgamos de esa situación y nos dirijamos en busca de los nuevos retos.

> **Cuando estamos apegados, nos quedamos.**
> **Cuando estamos desapegados, nos marchamos.**

Pongamos el ejemplo de Juan, un chico que mantenía una relación que sentía acabada, pero, en vez de finiquitarla y marcharse, decidió aplazar la decisión hasta después de las vacaciones de Navidad. La idea era compartirlas esquiando junto a su pareja, en una especie de despedida final de la que solo era consciente una de las partes. Le pareció oportuno dejar para el regreso tan importante conversación, así que partieron rumbo a los Alpes, para pasar sus últimos días juntos.

¿Qué sucedió? Al día siguiente de llegar a su destino vacacional, se rompió la pierna esquiando y tuvieron que operarle de urgencia, porque tenía rota la tibia y el peroné. La relación continuó aún otro año más, porque, entre operaciones, convalecencias y rehabilitaciones, aquello se fue postergando, hasta que paradójicamente la persona que iba a ser la abandonada fue la que acabó marchándose, harta de vivir una relación solo sostenida por la enfermedad.

Dejar para mañana lo que tenemos que hacer hoy es apego disfrazado. Cuando postergamos una situación, en realidad nos estamos apegando a esa experiencia y, de esa forma, alargamos todo lo posible la toma de decisiones. Esto no sucede porque nos sintamos incapaces de actuar, sino porque el apego es más poderoso que hacer lo correcto y marcharnos de una vez de esa situación. No hay ningún problema en que nos tomemos el tiempo necesario para averiguar si queremos salir o continuar dentro de una experiencia determinada, porque no hay apego mientras estemos en proceso de clarificar nuestras emociones.

Por otro lado, precipitarse, aunque parezca lo contrario, también es una forma de resistirse a marcharse, porque tomar decisiones a la ligera frecuentemente nos devuelve al punto de partida. Anticiparse es una manera de resistencia muy elaborada, porque parecería que estamos queriendo resolver la situación cuando en verdad estamos regresando de nuevo al modelo que no aceptamos soltar.

Conviene ser consecuentes con aquello que sentimos y no demorar más de la cuenta la partida, pero si la intención de marcharnos contiene una duda razonable, tiene sentido esperar mientras encontramos la respuesta. El problema se genera cuando sabemos perfectamente que algo ha concluido y, aun así, nos engañamos esperando un milagro que nunca sucederá, porque lo que teníamos que vivir se ha terminado.

Si antes decíamos que la imagen visual cuando dejamos marchar se parece a estar en el puerto aceptando la partida del barco, en este segundo caso la imagen seríamos nosotros partiendo en ese barco que nos conducirá hacia los nuevos destinos por explorar y que son parte fundamental de la vida que deseamos conquistar.

LAS PÉRDIDAS NOS DEVUELVEN LA IDENTIDAD

Ya hemos visto cómo dejar marchar y marcharnos nos libera por completo de seguir atrapados en el tiempo, permitiéndonos continuar con nuestra vida, al margen de lo doloroso que sea el acontecimiento en cuestión. Siempre que nos sintamos encerrados en cualquier situación es porque, en vez de marcharnos, nos estamos quedando en ella. No decimos que sea fácil hacerlo, decimos que la manera de resolver la experiencia que nos encadena es exactamente esa y, aunque no la practiquemos, el solo hecho de saber cuál es la salida ya es una forma de desapego.

La razón por la cual nos apegamos al deseo de tener la explicamos en el capítulo anterior cuando contamos que la mente identificada con sus logros encontraba su sentido de la existencia en el hecho de poseer. Quedaba pendiente de precisar algo que es fundamental entender: perder el tener no nos arrebata el sentido de la existencia, sino que nos devuelve la identidad perdida, pues con cada pérdida, ruptura o separación nuestra identidad se despierta y se torna más consciente de sí misma.

Cualquier experiencia conclusiva, ya sea grande o pequeña, refuerza lo que elegimos ser y las pérdidas nos permiten continuar expresando en grados más elevados dicha naturaleza. La pérdida nos recuerda quiénes somos y qué vinimos a hacer aquí, como vimos en el ejemplo de la pintora que perdió a su marido. Pero mientras sigamos asociando que perder nos borra de la existencia seguiremos buscando quiénes somos en los resultados, en vez de en el hecho de expresar nuestra identidad verdadera de una manera consciente.

La consecuencia fundamental de buscar nuestro sentido de la existencia en los rendimientos obtenidos es que, cuanto más nos apegamos al deseo, más dejamos de aceptar nuestra identidad. Es decir, el precio que se cobra el apego al deseo es que dejamos de aceptar paulatinamente la identidad elegida para evitar que la energía se desequilibre y nos domine.

Cuando nos falta consciencia de quiénes somos es porque la identidad se halla perdida en algún lugar recóndito de nuestra persona, debido a que el apego al deseo nos ha llevado a dejar de aceptarla. A partir de ese momento se ha ido desvaneciendo cada vez más, hasta el punto de que, en muchos de los casos, nos resulta una absoluta desconocida. Dejar de aceptar la identidad para no encontrarnos con la sombra se convierte en un acto de supervivencia para que el deseo no nos destruya si nos apegamos a él.

Todos hemos ido dejando de aceptar nuestra identidad original, según nos fuimos apegando al deseo de manera gradual. Y nuestra esencia verdadera fue sustituida por el verdugo y la víctima, que buscan su sentido de la existencia en «cuanto más tengo, más soy», aunque sea a costa de emplear la energía sin ningún tipo de responsabilidad.

Por eso el sistema fue tan inteligentemente diseñado, para que en el caso de que la mente inconsciente o ego secuestrara la identidad al apegarse a los deseos, la propia corrección del sistema se produjera de manera automática. Y cuando nos desviemos ese 33,3 % del eje central de la identidad, la pérdida en cualquiera de sus formas nos devuelva al camino correcto.

Aferrarnos al deseo acaba provocando que regrese la

identidad original para que volvamos a aceptarla y tomemos las riendas de la situación. A causa de esto, por muy traumáticas que sean las pérdidas que vivimos, todas y cada una de ellas tienen el cometido de impulsarnos a recuperar nuestra esencia, liberándonos de buscar quiénes somos en el apego a tener y la falsa identidad llamada ego.

¿Tenemos que reencontrarnos con nuestra identidad siempre a través de la pérdida, el dolor y el sufrimiento? Por supuesto que no. Estos casos tan extremos, como perder una posición social adquirida, una debacle económica o una grave enfermedad, surgen cuando el apego al deseo es igual de extremo que la experiencia que nos hará despertar.

Antes de la aparición de estas experiencias tan dolorosas, nuestro lado consciente ha intentado que nos desapeguemos de todas las formas posibles, es decir, nos ha incitado, sugerido o estimulado a seguir avanzando y no quedarnos atrapados en nuestra realidad condicionada. Pero, como bien sabemos a estas alturas de la narración, la libertad de albedrío siempre prima y cuando nos apegamos de manera tan radical al deseo, entramos en la vibración del sufrimiento y no en la vibración de la consciencia.

Ya lo explicó el genial científico Nikola Tesla, con la frase que mejor ha definido el mundo: «El universo es energía vibrando en distintas frecuencias». Como hemos ido explicando a lo largo de la narración, todo es energía vibrando en diferentes frecuencias de información y, cuando nos apegamos, entramos en resonancia con las de baja vibración que incluyen este tipo de pérdidas, a diferencia de cuando vivimos el deseo sin apego, que nos conecta con las frecuencias de alta vibración donde no necesitamos la tragedia para evolucionar.

Esto significa que en nuestras manos está elegir en qué frecuencia vibramos. Cuanto más desapegados, más alto vibramos y viceversa. Soltar y marchar son dos formas idénticas de elevar la vibración dentro de la frecuencia, esquivando de este modo los campos energéticos que nos hacen crecer a través del sufrimiento y el dolor. Dicho esto, debe quedar muy claro que toda pérdida traumática tiene como origen el encuentro con la identidad original y el propósito que venimos a manifestar.

> **Cuando estamos apegados, nos quedamos.**
> **Cuando estamos desapegados, nos marchamos.**

Para concluir resumiremos nuestra relación con el apego en dos preguntas:

- ¿Por qué nos apegamos al deseo? Porque buscamos nuestro sentido de la existencia a través de él.
- ¿Cómo nos apegamos al deseo? No aceptando las pérdidas de ningún tipo.

6

Identidad: la elección de ser

La identidad es el origen del universo

SOMOS LO QUE ELEGIMOS

Entramos a continuación en uno de los capítulos más fascinantes del libro, en el que hablaremos en profundidad sobre la identidad, una de las tres columnas vertebrales junto a la energía y el propósito de vida. La elección de la identidad fue nuestra primera decisión consciente y a través de sus características y propiedades conquistamos la vida que deseamos vivir. Vamos a comprender el ascendente tan vital que tiene sobre el propósito y cómo el sistema evolutivo está cimentado en torno a su naturaleza. Y lo haremos planteando una sencilla pregunta:

¿Qué es exactamente la identidad?

La identidad representa la figura que elegimos interpretar dentro de la experiencia. Es, como su propio nombre indica, el modelo identitario por medio del cual nos expresamos y accedemos a los objetivos de vida deseados. Hemos de tener muy claro que la identidad no se conquista con el tiempo, ni es algo que vaya macerándose dentro de nosotros, hasta que un día eclosiona como consecuencia de las infinitas experiencias vividas. Fue escogida por nosotros y debemos evitar caer en el error de buscarla en el apego al deseo.

Existe la creencia errónea de que la identidad bajo la cual nos expresamos —ingeniero, artista, policía, científico, deportista, empresario, político, etc.— se compone de características que hemos ido despertando en nosotros de manera gradual, pero nada más lejos de la realidad, porque desde el principio de los tiempos ya estaba lista para ser manifestada. Se parece a ir a un armario y elegir la indumentaria que nos apetece vestir, sin que, para hacer posible la experiencia, tengamos que diseñar, cortar la tela, coserla, etc. Con el simple acto de observarla y elegirla, dicha indumentaria estará dispuesta para ser vestida por nosotros.

Por esta razón, la dificultad no reside en construir dichos talentos a base de trabajo o disciplina, sino en realizarlos. Se trata de aceptarlos para legitimarlos y rescatarlos de las garras del ego cuando se han quedado desdibujados por el apego al deseo. El mérito, por tanto, consiste en aceptar la identidad y realizarla de la forma más completa posible, porque no es algo que debamos conquistar en el mundo exterior, sino, más bien, algo que reconocer en nuestro mundo interior.

Somos consciencia habitando una identidad con la intención de expresarla en el mundo material. Desde el principio de los tiempos forma parte de nosotros y en nuestra mano está decidir cuánto queremos afirmarla. Por consiguiente, la identidad bajo la cual nos expresamos fue elegida en el origen y la tarea consiste en ser consciente de su existencia y mostrar esos talentos al mundo. Ser lo que elegimos ser, así de simple.

¿Con el talento se nace o se hace?

Esta es una pregunta recurrente cuando buscamos determinar si esa persona que tanto admiramos ya venía con esos componentes de fábrica o los ha conquistado a base de esfuerzo y dedicación. La repuesta es, se nace y se hace. A causa de esto, debemos entender algo fundamental: talento e identidad son una sola cosa. Y cuando hablamos de una propiedad, estamos hablando también de la otra. Dividir estos patrones de información crea confusión a la hora de comprender qué lugar ocupa cada una de estas partes en nuestro interior, cuando lo cierto es que son la misma cosa.

¿Se puede ser pintor sin tener la capacidad de pintar? La respuesta sería no. Talento e identidad son una unidad indivisible y, al igual que las dos caras de una moneda, una no puede existir sin la otra. De la misma forma que cualquier deseo lleva implícito en sí mismo la posibilidad de su manifestación, toda identidad elegida contiene en su interior todos los elementos necesarios para que pueda ser realizada.

Si una persona escogió ser deportista, en dicha elección está codificado el talento para poderse expresar en el mundo del deporte. Lo que significa que su potencial reflejará su identidad o su identidad reflejará su potencial. Esto es, el talento muestra quiénes somos y quiénes somos muestra el talento porque en realidad son una unidad. Una información es inseparable de la otra, así que debemos evitar dividirlas.

La identidad es el principio energético que nos impulsa a desear nuestro propósito, ya que busca realizar esas aptitudes a través de la conquista del objetivo. Nadie puede decirnos quiénes somos porque solo nosotros lo sabemos. Es un error común buscar reafirmación por parte de la familia o los amigos cuando nos sentimos inseguros y dudamos de nuestras capacidades.

No podemos someter a referéndum nuestra identidad, porque visto desde fuera, cada persona creerá tener una opinión fundamentada sobre cuáles son esos potenciales. Ello es altamente peligroso, dado que estas personas podrían estar proyectando sobre nosotros sus anhelos y frustraciones, buscando realizarse a través de nosotros o, en el peor de los casos, impidiendo que tengamos la vida que no se atrevieron a vivir.

Todos conocemos el caso de aquella madre que, con un talento propio no manifestado, se empeña en que su hija cante o baile, esperando satisfacer por medio de ella sus deseos irrealizados. Buscar nuestra realización personal mediante agentes externos solo provocará más frustración, porque estaremos proyectando en los demás las cualidades que nos resistimos a vivir en primera persona. Es más fácil responsabilizarnos de nuestra vida que intentar vivirla siendo marido, esposa o hermano de alguien.

Deja de huir de ti mismo

Sabemos perfectamente que para acceder a la vida que deseamos necesitamos expresar nuestra identidad, pero el miedo a la energía que no dominamos nos impide ser quienes somos. De esta forma, huir de nosotros es algo que sucede de manera natural para evitar el encuentro con esa sombra que tanto tememos y tan destructiva se vuelve, cuando el apego al deseo es muy intenso.

Una vez que nos resistimos a expresar la identidad, por miedo a buscar nuestra existencia en el apego, todo es desorden. Las personas que más inestables se perciben a sí mismas se sienten de ese modo porque su identidad está casi desaparecida por completo. La desconexión con esa parte esencial de su naturaleza genera todo tipo de inseguridades en su interior y provoca diferentes estados de desequilibrio emocional. Porque, si nos resistimos a ser quienes somos, ¿qué queda a continuación?

Sale muy caro darle el poder al miedo, cuando la factura que pagamos a cambio es perder nuestra identidad. Es muy cierto que en el instante en que renegamos de nosotros surge una cierta paz interior, dado que hemos dejado de participar en el juego y la sombra deja de asustarnos. Pero una vez pasado este primer momento, empezaremos a sufrir las consecuencias de dicha elección. El agujero emocional en el que entramos va desplomando gradualmente nuestras emociones, transformándonos en seres sin estímulos, porque nos hemos olvidado de quiénes somos y la vida carece de sentido.

Huyendo de la identidad elegida, creamos un problema mayor que aquel que esperamos resolver, pues, como bien sabemos, las experiencias de pérdida nos recordarán quiénes somos. Sería el equivalente a tener miedo a estar en Londres y huir lo más lejos posible, lo que nos devolvería al punto de partida al estar dibujado el universo de forma circular. Parece un contrasentido pero en realidad es ciencia. Las características de este planeta demuestran que, distanciándonos lo más posible de un punto determinado, nos acabaremos encontrando con ese mismo punto por el lado opuesto.

En consecuencia, cuanto más nos alejamos de lo que somos, más nos acercamos a lo que somos. Lo que significa que no hay escapatoria, puesto que el diseño del videojuego está creado para que juguemos y nos divirtamos, y no para que huyamos o nos conformemos con sobrevivir o vivir de forma incompleta. Esta inevitabilidad, aunque parezca lo contrario, es maravillosa, ya que tarde o temprano hay que enfrentar el miedo y cuanto antes lo hagamos mejor. Porque es mucho más lógico que aprendamos a vivir el deseo sin apego, que pasarnos la vida huyendo de la identidad y el propósito por miedo.

Según nos apegamos al propósito de vida deseado, dejamos de dominar la energía y nos convertimos en víctimas o verdugos para encontrar ese sentido de la existencia. Es evidente que forzar o dejarse forzar para vivir lo que se desea genera resultados, pero de manera simultánea vamos rechazando nuestra identidad y la energía que la hizo posible. Cuando el miedo a la sombra nos domina, deliberadamente dejamos de observar el propósito deseado y de aceptar nuestra identidad.

Debido a esto, una de las principales confusiones que tenemos es creer que la identidad elegida nos hace sufrir, lo cual no es cierto. Manifestar nuestra naturaleza no genera sufrimiento en el sistema emocional: es el apego al deseo o resistirnos a ser quienes somos lo que provoca los sentimientos de angustia y malestar. Expresar la identidad es un ejercicio de amor y compromiso hacia lo que elegimos, y representa un acto de coherencia que impulsa nuestra vida a lugares a los que nunca llegaremos si continuamos huyendo de nuestra esencia.

La identidad, por tanto, se desvirtúa en la misma proporción en la que nos apegamos al deseo. Esto demuestra que el sufrimiento no viene generado en ningún caso por ser quienes somos, sino por la mente apegada al deseo que nos lleva a comportarnos de esa manera tan disfuncional. Los talentos manifestados nos ordenan por dentro y harán de faro cuando estemos perdidos en medio de la tormenta.

Otro incentivo que nos invita a seguir participando del juego es la imposibilidad de ser otro. Intentar ser algo distinto a lo que elegimos es una tarea estéril porque en realidad no querríamos ser otra cosa. La identidad está marcada a fuego a través de la elección y aunque en muchas ocasiones nos parezca un castigo, en realidad, por muchos conflictos que nos genere, es una bendición porque lo que nos da es muy superior a lo que nos quita.

El diseño de este universo es tan perfecto, que todo lo que nos impulsa a ir hacia delante tiene como objetivo que nos atrevamos a manifestar la identidad bajo la cual conseguiremos las metas propuestas. Todas las fuerzas universales trabajan en conjunto para que nos responsabilicemos de nosotros mismos comprendiendo que la identidad es el principio originador de la experiencia, y la conquista del propósito, el objetivo final del juego.

Las personas que más sufren son aquellas que rechazan su propósito y niegan en exceso su identidad. Vivir sin saber quiénes somos significa convertirnos en esa persona que no sabe lo que quiere, ni tampoco sabe adónde va. La consciencia de la identidad otorga claridad y sentido a nuestras decisiones y nos permite evitar el ensayo y error que tan común se vuelve cuando huimos de nuestra naturaleza esencial.

La conjunción de negar la identidad y renunciar al propósito es la peor sociedad posible que puede darse. Bajo este patrón, la vida de la persona deja de tener relevancia, porque las dos razones principales para estar aquí las hemos bloqueado y, lo que queda a partir de ese momento es un terrible e inmenso agujero negro que nos absorbe y nos aleja del sentido de la vida.

«¡Renuncio a ser quien soy!».

«¡Es un mundo muy difícil!».

«Dejo de apostar por mi propósito de y me voy a buscar otra nueva vida!».

¿Y adónde vas a ir?, le preguntaríamos a la persona del ejemplo, haciéndole entender que no hay un lugar al que marcharse, porque después de negar la identidad no queda nada más. Solo un vacío existencial, donde el sufrimiento, tarde o temprano, nos hará recordar quiénes somos al precio de perder lo que más queremos. Por consiguiente, de nada sirve que nos resistamos, es preferible trabajar en la liberación del miedo que nos impide expresarnos que seguir huyendo, pensando que hay un lugar donde esconderse.

Debemos asumir el compromiso de buscar la solución en el despertar de la consciencia. Por eso, cuanto más nos conocemos, menos nos tememos. Huir y darle una patada al balón significará encontrárselo unos metros más adelante, donde aquello que nos atenaza e impide realizarnos continuará esperándonos. Hay una diferencia enorme entre aquellas personas que decidieron mirar en su interior y las que creen que no lo necesitan. Porque en las primeras pueden observarse los avances conseguidos y en las segundas, el miedo sigue latente y sus nudos y bloqueos continúan donde siempre.

Olvidar quiénes elegimos ser es una especie de alzhéimer espiritual, en el que la desconexión con la identidad y el propósito nos conducirán a un mundo vacío y estéril, donde perdemos la memoria emocional y los deseos quedan en el olvido. Se parece demasiado a esta terrible enfermedad, en la que acabamos no sabiendo quiénes somos ni en qué mundo vivimos.

IDENTIDAD DIVIDIDA

Otra forma de negación de la identidad es fragmentarla. Esto ocurre cuando el miedo ya no es tan grande como para rechazarla del todo, pero seguimos sin aceptarla plenamente. La identidad dividida es uno de los principales males que nos aquejan, porque dividimos nuestros talentos y los separamos, desarrollando así varias identidades simultáneas. Podría considerarse una especie de esquizofrenia energética, porque fraccionar la individualidad solo nos permite ser quienes somos de manera divergente.

Poniendo un ejemplo, alguien con una identidad de actor indefinida la compartirá con la de director o productor. En este ejemplo podemos ver cómo existen tres identidades diferentes funcionando de modo simultáneo. Este patrón puede parecer inofensivo, porque las tres profesiones aparentan ser la misma, pero cualquier trabajador del medio sabe perfectamente que, en realidad, por más que tengan aspectos comunes, no tienen nada que ver entre ellas. La persona que está diversificando estas identidades no piensa bajo ningún concepto que esto pueda ser un problema, pues de hecho acaba por tener tres formas de ingresos distintos y todo parece ir sobre ruedas.

También tenemos el caso de profesores de yoga que trabajan con medicina china y, además, son *coaches*. Sucede exactamente igual. Nadie está dudando de que tengan las habilidades necesarias para manifestar sus talentos en las tres disciplinas nombradas, lo que estamos queriendo explicar es que solo una de las tres identidades es la original y las otras dos son las derivadas.

Cuando manifestamos varias identidades simultáneas no estamos expresando de manera completa ninguna de ellas. Es aquello de «aprendiz de todo, maestro de nada», porque primero y, para empezar, cada modelo de identidad tiene un ADN diferente y, aunque creamos que todo viene a ser lo mismo, no es verdad. Cada identidad está compuesta de un campo de información propio y personal, y contiene unos rasgos que no deberían dividirse.

Por supuesto que podemos escindir nuestra identidad siempre y cuando tengamos claro quiénes somos y por qué lo hacemos. De hecho, cuando no logramos vivir de la vocación original, tendremos otros trabajos alternativos que nos permitirán subsistir y seguir apostando por la meta principal. El problema no radica en que manifestemos varias identidades a la vez, sino en que no sepamos quiénes somos y terminemos por confundirnos y dudar de nuestros verdaderos potenciales.

Dejémoslo muy claro: siempre que no nos hagamos daño ni se lo hagamos a los demás, cualquier medio es válido para conseguir el fin, a condición de que no perdamos de vista nuestra verdadera identidad. Podemos trabajar de profesor mientras nos abrimos paso en el mundo de la música, pero debemos saber que somos un músico que trabaja de profesor y no un profesor que aspira a ser músico.

Un bailarín que trabaja de camarero, no un camarero que baila. Un emprendedor que trabaja de mensajero, no un mensajero que quiere emprender. Se trata de reconocer quiénes elegimos ser y a partir de ahí todo se ordenará, porque el campo universal favorece a aquellos que se responsabilizaron de su identidad y se comprometieron con su propósito.

¿Esto significa que solo podemos ser una sola identidad?

En realidad, somos una sola identidad, pero podemos manifestarla de las maneras más diversas, siempre y cuando tengamos claro cuál de ellas es la original.

Como acabamos de ver, no es lo mismo ser un actor que canta, que un cantante que actúa. No estamos diciendo que solo podamos manifestarnos en una de estas disciplinas y tengamos que descartar la otra, estamos explicando la importancia de tener claro cuál de las dos identidades es la principal y, desde ahí, expresar tantos talentos como tengamos en el interior. El problema es que si estos talentos están desordenados acabaremos padeciendo las consecuencias de dicho desorden. Por no hablar de la industria, que probablemente también acabe confundida y no tenga claro qué tipo de artista somos en realidad.

Tenemos el caso de Leonardo Da Vinci, quien, aun siendo un genio en diversas disciplinas, probablemente sea su faceta de pintor la que demuestra cuál, de todas estas identidades, era la original. *La Gioconda* o *La última cena*, quizá sus dos obras más relevantes, podrían estar indicándonos quién era, aunque su talento para la pintura no fuera impedimento para manifestar otros aspectos de su identidad como inventor, escritor, escultor etc. Determinar cuál de las múltiples facetas en las que expresaba su genialidad era la principal puede ser, por supuesto, motivo de discusión y discrepancia.

La identidad original de Michael Jackson ¿cuál era? ¿Cantante, bailarín, compositor...? Seguramente cada uno de nosotros tiene una respuesta diferente a esta pregunta. Es evidente que era brillante en cada una de estas tres áreas artísticas, pero está claro que una de ellas era la locomotora y las otras dos, los vagones. Seguramente en su fuero interno, él sí que tenía claro cuál era su identidad principal, pero aun sometiendo a un análisis profundo al personaje, todos tendremos nuestra propia opinión al respecto. En el caso de personas tan brillantes, es obvio que resulta mucho más difícil discernir el orden secuencial de los talentos expresados.

Resulta curioso observar cómo en concursos de televisión que enseñan a cocinar algunos de los concursantes, que se supone quieren ser chefs y vivir de la restauración, explican sin rubor que aman por igual la fisioterapia y la cocina, y que, por descontado, les gustaría en un futuro compatibilizar ambas disciplinas.

Son personas que provienen de las disciplinas profesionales más variadas, lo que significa que siguen buscando su identidad perdida y, por lo que parece, continúan resistiéndose a comprometerse con sus talentos. En este ejemplo tenemos dos energías vocacionales que no tienen nada que ver entre ellas, lo que evidencia que la persona que dice querer cambiar su vida no se atreve a reconocer su identidad verdadera y sigue huyendo de lo que en realidad eligió ser. ¿Cuál de las dos identidades será la verdadera? Pues aquella sin la cual sería incapaz de vivir.

En el lado contrario tenemos a los expertos que juzgan a los aspirantes. Todos ellos poseen unas maravillosas identidades manifestadas de forma total y una entrega radical a su talento y vocación. La identidad original de estos profesionales es evidentemente la de chefs de cocina, aunque, a partir de ahí, puedan expresarse de manera simultánea siendo imagen de marcas relacionadas con su oficio o estando de jurado en un programa de televisión, como es el caso.

Identidad hay una y nada más. Que elijamos expresarla de diferentes formas no significa que tengamos varias. Podemos ser veganos, animalistas o padres de un niño llamado Borja. Podemos ser lo que nos dé la gana, pero todas esas partes se agrupan en torno a una sola identidad, que es aquella que aglutina los talentos vocacionales y mediante la cual nos encontramos con nosotros y desarrollamos nuestra misión en esta vida. Dividir la identidad acarrea confusión, incluso cuando nos decimos que somos felices siendo varias personas a la vez.

No es fácil sincerarse con uno mismo y reconocer que el miedo nos está impidiendo expresar quiénes somos de una manera plena. La identidad es algo que sucede dentro, pero que se manifiesta fuera, algo sagrado que nace en nuestras entrañas y que impregna todo lo que nos rodea con una verdad interna que emociona al mundo. Unificar la identidad requiere un grado de verdad que solo podemos extraer de nuestro interior, dejando de huir de quienes somos y rindiéndonos a la evidencia de lo que elegimos ser.

La vida no ofrece espejos que muestran lo que sucede cuando la identidad no se fragmenta ni se divide en otras tantas. Si queremos que nuestro propósito de vida sea rico en experiencias y resultados, debemos sostenerlo sobre una identidad firme y definida. Cuando la identidad se ha desmembrado en partes varias, es muy difícil, por no decir imposible, que dejemos una huella en el futuro que pueda inspirar a los demás.

La identidad es una forma de responsabilidad para con uno mismo y con los demás. Cuanto más fuerte y sólida sea, menos miedo tendremos, porque nos sostendremos firmemente sobre aquello en lo que creemos. Solo hay que fijarse en los misioneros religiosos, cuya identidad y vocación están fuera de toda duda, la manera en que aceptan todos los riesgos inherentes a su decisión de vivir en lugares donde la enfermedad, la violencia o el hambre se convierten en el escenario habitual. Podemos comprobar cómo se apoyan en su fe y en aquello que eligieron ser, resultándoles indiferente la amenaza de los virus, las luchas tribales o las hambrunas.

Asentarnos sobre una identidad uniformada nos ofrece un enorme poder que se sostiene sobre aquello en lo que creemos y a lo que dedicamos nuestra vida. Desde ese momento mágico en el que reafirmamos lo que elegimos ser, y dejamos de pelear contra nosotros, podemos decir sin lugar a dudas que, pase lo que pase, todo estará bien. Y que el miedo a la energía que no dominamos quedará sustituido por el desapego del deseo, la determinación interior y la coherencia de dedicar nuestra vida al propósito que deseamos.

Tenemos ejemplos como Martin Luther King, defensor de los derechos civiles; Gandhi, defensor de la paz y la no violencia, o Nelson Mandela, que después de veintisiete años encarcelado, instó a su pueblo a no odiar y a pasar página para encontrar la unidad entre ambas razas. Otros ejemplos son Marie Curie, que se enfrentó a una sociedad donde estudiar una carrera universitaria y ser científica era casi un pecado; Coco Chanel, que rompió esquemas para que las mujeres pudieran vestir de una manera más libre; Amelia Earhart, pionera en el mundo de la aviación, o Frida Kahlo que fue defensora de la causa indígena y la primera pintora de su país en exponer en el Museo del Louvre de París.

Y a nivel nacional, la genialidad de Federico García Lorca, con su sensibilidad y talento para escribir. Y cómo no citar a Cervantes, Ramón y Cajal, Clara Campoamor, Dalí, Luis Buñuel, Miguel de Unamuno, etc. Y como ellos muchas personas más a las que debemos gratitud, no por lo que consiguieron sino por lo que fueron. Este compromiso con sus respectivas identidades los ha hecho pasar a la historia y ser recordados como personas que manifestaron de manera unificada su esencia. Un sinfín de personalidades, a cuál más interesante, y todas con el nexo en común de no especular con identidades varias y de estar dispuestos a enfrentarse a sus sombras.

No se trata de que todos tengamos que hacer historia, pero sí es cierto que, en la medida en que la identidad está unificada y el propósito es firme, brillaremos mucho más en nuestro campo vocacional. Una identidad definida nos impulsa en la vida y nos incita a ser excelentes. Puesto que somos únicos, la identidad que elegimos también es única y, por supuesto, no hay otra persona en el mundo igual que nosotros. Debemos comprender que poseemos una singularidad imposible de copiar y que, expresándola, terminamos por darnos cuenta de lo especiales que somos en realidad. Si no tenemos consciencia de nuestra singularidad, será imposible comunicarla y enseñársela al mundo.

En el lado opuesto a estas identidades coherentes surge lo que podríamos denominar identidades vacías.

Ejemplos recientes de identidades vacías los tenemos a diario en aquellas personas con puestos preferentes donde ejemplarizar a la sociedad y luego se llevan el dinero a Suiza o son noticia por abuso de poder. Políticos, empresarios, dirigentes de gobierno, directivos del mundo del deporte, entre otros, que acaban utilizando sus identidades perfectamente diseñadas para su propio beneficio con la consecuente decepción de las personas que creyeron en ellos.

Las identidades que manifiestan estas personalidades resultan huecas de contenido, porque no están sostenidas sobre un interior real acorde con los valores y principios que se presuponen en una persona que ocupa un lugar eminente en la sociedad.

Vemos a menudo cómo los equipos de comunicación de los partidos políticos hacen un trabajo espectacular para presentar a su candidato con todo lujo de detalles: corte de pelo impecable, elección del traje adecuado, estudiadas formas de hablar y de caminar, etc. Todo con el fin primordial de tener una apariencia atractiva para el público. Claro que la imagen física es parte esencial de la identidad: la manera de vestir, colores, calzado, complementos que utilizamos, etc., todo ello forma parte de nuestra naturaleza esencial.

Lo que queremos dar a entender es que una identidad verdadera nace y se construye por dentro y después se diseña y se materializa por fuera. Una identidad real está sostenida sobre una determinada forma de pensar y sentir, acorde con los valores fundamentales que la persona tiene. Porque aquello en lo que creemos, cómo entendemos el mundo y las causas por las que luchamos son las partes estructurales sobre las que está sostenida cualquier identidad que se precie. Expresar quiénes somos implica todo esto y muchas cosas más, por eso no debemos confundir la identidad con la apariencia, por muy bien diseñada que esté.

IDENTIDAD MATERIALIZADA

Prestemos atención a esta frase: el mundo que experimentamos es nuestra identidad materializada. Es decir, aquello que nos rodea no es otra cosa que nuestra identidad convertida en materia. Los acontecimientos del exterior están replicando la identidad que estamos transmitiendo desde el interior. Esto significa que las experiencias que vivimos a diario responden en forma y fondo a lo que estamos siendo en ese momento.

Explicábamos al principio del libro que nada existe hasta que es observado, lo que significa que si manifestamos una identidad poderosa, construiremos una vida poderosa, y si, por el contrario, manifestamos una identidad carencial, construiremos una vida carencial. La plasticidad de la energía comporta la maravillosa cualidad de materializar en el exterior la identidad que estamos expresando desde el interior. El mundo reproduce y realiza nuestras elecciones sin juzgarlas, materializándolas para que expresemos lo que estamos eligiendo ser en cada instante.

Todo lo que habita el mundo es identidad manifestada. La identidad de Nueva York no tiene nada que ver con la de París; la de un gato persa no tiene nada que ver con la de un gato común, y la identidad de un roble tampoco tiene nada que ver con la de un sauce. Cada uno de estos ejemplos está mostrando que todo lo que observamos tiene una propiedad única y singular y, aunque tengan aspectos comunes, son diferentes porque sus morfologías son únicas. Esta es la belleza del diseño del juego, en el que esencialmente todos somos lo mismo y sin embargo en nada somos iguales.

Por esta razón, la realidad exterior que estamos construyendo en el presente está reflejando y replicando la identidad interior que estamos expresando en el presente. Esto quiere decir que el grado en que esté manifestada dicha identidad establecerá los resultados de vida que vamos a conseguir. La importancia que adquiere el verbo «ser» en este caso es absoluta porque la realidad se construye desde lo que estamos eligiendo ser. Tanto somos, tanto tenemos.

Cuanto más somos lo que elegimos ser, más conquistamos lo que deseamos tener. Puesto que la identidad es la suma de todos nuestros pensamientos, sentimientos y percepciones, los rendimientos que obtenemos reflejan qué tipo de identidad estamos articulando en ese momento de nuestras vidas. La identidad es el principio de todo, porque lo que experimentamos como realidad viene determinado por el tipo de identidad que estamos expresando en el presente.

> **Lo que eres determina lo que tienes.**
> **Si quieres tener más, tienes que ser más.**

Ahora más que en ningún otro momento de la historia, todo es identidad, y aunque venimos de una época donde lo principal era el talento y las aptitudes demostrables, en esta era digital el diferencial no lo representan las capacidades y las cualidades que cada uno posea, como el hecho de tener una identidad bien definida, construida y comunicada.

Las marcas que consumimos son identidades que nos permiten elegir aquellas que vibran en consonancia con nuestro interior; perfumes, camisetas, botas o anillos son formas diferentes de identidad que desvelan al dueño de dichos objetos. Todo lo que nos emociona nos está recordando quiénes somos. Así que parémonos a pensar en lo necesario que resulta que nuestra identidad esté lo más refinada posible, porque, de no ser así, vibraremos en el extrarradio de nuestro propósito y no en su núcleo, que es adonde realmente queremos llegar.

La identidad es el portal de acceso a la vida que anhelamos conquistar. Esta regla es aplicable a cualquier modelo estructural, porque ser quienes somos materializará el mundo que deseamos. Donde mejor podemos apreciarlo es en el ámbito de los artistas, porque cuanto más definida está una identidad más productiva se vuelve la vida de esa persona y mayores resultados obtiene en su vida. ¿Qué habría sido de Amy Winehouse sin su moño y su raya del ojo pintada de esa manera tan particular, o de Elvis Presley sin su tupé, o de Marilyn Monroe sin el rubio platino y su Chanel N.º 5 para dormir?

La clave para formar parte del mercado profesional que nos hemos marcado como objetivo es nuestra identidad. Ya seamos abogados, ingenieros o arquitectos, todos entramos en la estructura de vida que deseamos, manifestando quiénes somos. Esto lo intuyen las abuelas, cuando le dicen al nieto que participa en un concurso de música en televisión: «¡Hijo mío, sé tú mismo!». Porque intuyen que esa es la clave para ganar. Esta frase, que todos hemos oído centenares de veces, alude a este principio tan fundamental, porque, de una manera inconsciente, todos sabemos que ser quienes somos es el secreto para conseguir la vida que queremos.

Podríamos decir que llevar esto a cabo es la cosa más difícil del planeta y no estaríamos exentos de razón. Parecería fácil ser quienes somos, básicamente porque, si no, quiénes íbamos a ser, pero ya hemos comentado en profundidad cómo, por miedo a la sombra, nos negamos la identidad y el propósito deseado, para eludir las posibles consecuencias del mal uso de la energía.

Ser quienes somos representa dejar de hacer trampas y enfrentarnos a la vida que deseamos, con la dignidad y compromiso que dicha identidad requiere. Por eso, cuando alguien muy relevante en su campo profesional nos fascina, lo que provoca dicha admiración en nosotros no es tanto lo que hace como lo que se atreve a ser. Nos emocionan las personas que se aventuran a ser quienes son, retando a su ego y al de los demás, y exponiéndose ante un mundo que juzgará cada paso que den. Si tenemos alguna duda a este respecto, solo tenemos que entrar en Twitter.

Cuando nos examinen para una oferta de trabajo, el diferencial no será nuestro currículo, sino la información que recibirán de nosotros cuando tengamos la entrevista. La forma de comunicarnos, la voz, la manera de vestir, etc. Es decir, la identidad que les mostremos será la impresión que grabaremos en sus mentes antes de que nos marchemos y pase el siguiente. Si recibimos la noticia de que hemos sido elegidos será porque se ha materializado la identidad que mostramos en la reunión.

Por supuesto, si tenemos unas credenciales estupendas, mejor todavía, pero las empresas no contratan líneas escritas en un papel: compran identidades que están en sintonía con la identidad de la empresa. Por eso en muchas ocasiones vemos a personas en puestos laborales sin la formación adecuada y ello no fue inconveniente para conseguir el trabajo. Podemos pensar que hay mucho enchufado por ahí suelto, que es difícil competir bajo esas circunstancias, y quizá no nos falte razón. Es cierto que esas realidades existen, pero, en cualquier caso, esas personas están manifestando una identidad que les permite acceder a dichos privilegios. Y si creyéramos que no tiene ningún mérito conocer a alguien y que nos coloque en un puesto de trabajo increíble, lo que sí tiene un mérito enorme es el hecho de estar vibrando en el modelo de identidad que nos permite acceder al lugar donde las cosas son fáciles y no a base de lucha y sacrificio.

Recordemos que el universo es energía vibrando en distintas frecuencias de información, lo que significa que si accedemos a las esferas donde todo vibra de forma orgánica dará igual si venimos de una familia bien posicionada o nos criamos debajo de un puente. La clave no radica en nuestras herencias personales, sino en el grado de disposición que cada uno tenemos para expresar nuestra identidad y enseñársela al mundo.

En el terreno sentimental se da una circunstancia realmente curiosa que refleja lo que estamos hablando sobre este tema, y la paradoja es que enamoramos a la otra persona siendo quienes somos y la perdemos porque hemos dejado de serlo. Con el paso del tiempo, esa parte tan real va diluyéndose lentamente y queda sustituida por una identidad descafeinada que hace que nos vayamos pareciendo cada vez más a su pareja anterior y, al mismo tiempo, la persona que nos enamoró cada vez se parece más a nuestra relación pasada.

Esto que acabamos de explicar es igual de aplicable a cualquier otro escenario de vida porque el patrón funciona de la misma manera en todos los casos. Empezamos siendo quienes somos, hasta que poco a poco nos vamos disolviendo y dejamos de ser interesantes, lo cual acaba penalizando gravemente nuestras experiencias de vida. Recordemos que fuera de la identidad no hay nada más, solo un amasijo de intenciones sin orden ni concierto.

Por esta y otras muchas razones es tan fundamental que sepamos quiénes somos, nos conozcamos al máximo y podamos comunicar al exterior aquello que nos hace únicos ante los ojos de los demás. Debemos huir de parecer del montón, porque dejar huella en quien nos conoce es parte del trabajo que debemos realizar. No se trata de disfrazarse, sino de ser quienes somos para que nuestro mundo interior esculpa la realidad exterior y, para hacer esto posible, debemos expresar la identidad y no esconderla o vivirla solo a medias.

En el primer capítulo del libro, explicábamos que la forma de entrar en cualquier frecuencia era eligiéndola y que, con el acto de observar, podíamos escoger una diferente. Bien, pues ahora completamos esta información descubriendo que las frecuencias que elegimos siempre son partes de nuestra identidad. Es decir, el modelo de identidad que optamos por observar en nosotros es la frecuencia en la que vibramos. La identidad seleccionada, por tanto, es la frecuencia de vida donde nos situamos. Así de concreto.

> Vibramos en la frecuencia
> de identidad que elegimos.

Para cambiar de frecuencia, tenemos que observar y elegir partes nuevas de nuestra identidad. La idea original, por supuesto, siempre fue manifestar la identidad al completo, pero como el miedo a la sombra nos condiciona y mediatiza de forma tan rotunda, lo que decidimos a partir de esos hechos es ir conquistándola poco a poco en vez de entrar en ella de una vez. Por tanto, la identidad que observemos y escojamos determinará el campo de frecuencia en el que vibraremos.

Imaginemos a Raúl, una persona que se pasó varios años trabajando como empleado en tiendas de ropa hasta que se atrevió a elegir su identidad original de diseñador de moda. Fue la identidad de vendedor la que observó y eligió para sí mismo en ese momento de su vida, porque le resultaba más accesible y sentía que podía manejarla mejor. En realidad, su potencial para diseñar estuvo ahí desde el principio, pero su miedo le impedía manifestar dichos talentos.

Cuando sus amigos le sugerían que lanzara su propia marca, respondía que no estaba preparado y que trabajar en el sector textil le aportaba la experiencia necesaria para poder establecerse algún día por su cuenta. Vibraba en la identidad del dependiente de ropa, porque esa fue la parte de sí mismo que eligió observar y, como consecuencia, la frecuencia en la que vibraba en su día a día.

Podría haber accedido a su identidad original solo con el hecho de tornarse consciente de sus cualidades, pero la falta de observación hacia su esencia le condenó a realizar durante varios años una labor que no le satisfacía. Y con la excusa de acumular experiencia, desaprovechó un tiempo precioso que podría haber dedicado a conquistar su propósito desde el principio.

> La identidad que elegimos observar en nosotros determina la frecuencia en la que vibramos.

Si nuestra identidad original es la de piloto de carreras, pero no nos atrevemos a escogerla y, en cambio, observamos la de mecánico en boxes, esa será la vida que crearemos. Si elegimos observar al técnico de sonido en vez de al cantante que tenemos en el interior, estaremos en la mesa de mezclas en vez de subidos al escenario. Y así podríamos poner interminables ejemplos que demuestran que accedemos a las frecuencias de vibración que elegimos realizando la identidad que estamos dispuestos a expresar.

Ni que decir tiene que la razón por la cual no observamos y elegimos la identidad principal es el miedo a encontrarnos con la sombra, donde las resistencias nos ofrecen las coartadas necesarias para manifestar las identidades derivadas. Creer que son mundos difíciles de conquistar, que no tenemos el talento suficiente, que ya es tarde, etc., son excusas que nos ponemos para eludir la energía que tememos y seguir vibrando en una frecuencia donde nos sentimos a salvo.

De este modo, la clave reside en tomar consciencia de la parte de nuestra identidad que estamos eligiendo observar, porque ahora sabemos que solo accedemos a frecuencias externas, compatibles con nuestra frecuencia interna. La consciencia solo puede conectarse a campos de información semejantes al suyo, por eso la vida que tenemos responde a la identidad desde la cual estamos emitiendo. Y de nosotros depende preferir continuar ubicados en frecuencias inferiores o dar el salto a frecuencias superiores solo con el acto de elegir una identidad más integral.

Comprender esta regla es una de las claves de acceso al propósito de vida, porque solo podemos conquistar una realidad incompatible con lo que somos. La identidad que escogemos está vaticinando el futuro que viviremos. Para conseguir el objetivo deseado, por tanto, debemos entrar en su misma frecuencia, y esa frecuencia no la tenemos que buscar fuera, sino dentro, porque habita en nuestro interior en forma de identidad.

Esto se puede apreciar perfectamente en las relaciones de pareja, cuando la identidad de una de las partes evoluciona hacia frecuencias superiores, mientras que la otra continúa vibrando en la misma frecuencia de siempre. Esto poco a poco va creando una disonancia vibratoria hasta que, llegado un determinado momento, es matemáticamente imposible que la relación funcione, debido al simple hecho de que sus frecuencias de vibración dejaron de ser compatibles.

Con las relaciones sociales nos pasa exactamente lo mismo. Un día nos damos cuenta de que el vínculo que compartimos con aquellos amigos del colegio a los que tanto queremos ya no existe, puesto que hemos dejado de ser la persona que conocieron, y quedar con ellos no tiene mucho sentido. A algunas personas este tipo de separación les produce mucho sufrimiento, porque interpretan esta realidad desde el lado emocional, cuando el problema no es que hayan dejado de quererse, sino que ya no tienen nada que ver entre ellas.

Conviene recordar que todo es energía vibrando en distintas frecuencias de información y sobre esa estructura está construido el universo. El mundo exterior que habitamos refleja la identidad interior que elegimos y observamos. Así funciona este videojuego maravillosamente lógico, donde debemos comprender que no se puede obtener del exterior aquello que no está aceptado en nuestro interior.

Cuando nos preguntemos en qué frecuencia de identidad estamos vibrando, hay dos maneras de averiguarlo; la primera, dirigiendo la mirada hacia el interior y tomando consciencia de la identidad que estamos eligiendo manifestar en ese momento. La segunda, mirando hacia fuera, observando qué tipo de vida estamos llevando y qué recompensas estamos recibiendo. La solución a un escenario de vida que nos disgusta no reside en intentar cambiarlo desde fuera, porque es imposible, sino en cambiar de frecuencia expresando desde dentro una identidad más completa.

Ya lo hemos dicho, el mundo exterior siempre está reflejando nuestro mundo interior. Observar lo que nos rodea sirve como indicador de la frecuencia en que estamos vibrando. Si nuestra identidad está compuesta de lujo y *glamour*, viviremos en una zona de la ciudad compatible con esa sintonía; si, por el contrario, la identidad manifestada es sobria y austera, viviremos en zonas de la ciudad más humildes.

El exterior de vida nunca engaña, porque es el termómetro o medidor de la frecuencia en que estamos vibrando. Si aquello que nos envuelve nos disgusta, preguntémonos qué parte de nuestra identidad estamos expresando en vez de enfadarnos con dicho escenario. Esto, por supuesto, es aplicable a cualquier ámbito existencial: contexto profesional, situación socioeconómica, salud, relaciones personales, etc. Lo que acontece fuera refleja lo que acontece dentro y, por descontado, el exterior nunca se equivoca. En la intención de elaborar unas condiciones de vida mejorables, sería un error pensar que, cambiando de casa, de amigos o de país las circunstancias serán diferentes.

Se trata de quitarle el poder al exterior, básicamente porque, aunque lo parezca, no lo tiene. Esperar o depositar esperanzas en que algo cambie desde fuera son estrategias estériles donde la realidad que esperamos nunca sucederá. Lo que sí debemos hacer es ocuparnos de elegir la identidad que creará las circunstancias que esperamos realizar. Se trata, por consiguiente, de ser lo que deseamos. La vida responde a lo que estamos siendo y no a nuestras buenas intenciones, lo que significa que necesitamos un modelo de identidad compatible con aquello que deseamos.

Por eso es tan importante conocer qué aspectos de nuestra identidad estamos manifestando. En efecto, saber en qué frecuencia de identidad estamos emitiendo nos permitirá corregir esas ondas si los resultados obtenidos no son los esperados. Si nuestro exterior de vida nos devuelve una realidad poco estimulante, potenciemos la identidad a niveles superiores, cambiando la observación y elección sobre nosotros mismos.

> Si quieres tener más, tienes que ser más.

TU IDENTIDAD ES TU *STORYTELLING*

Es fundamental comprender que identidad y propósito son la misma cosa, y aunque las percibamos por separado, una no puede existir sin la otra. La analogía sería que la identidad es el conductor, y el propósito de vida, el destino que queremos alcanzar. ¿Cómo podríamos conquistar un objetivo sin ser quienes somos?, o ¿cómo podríamos ser quienes somos sin tener un objetivo? Ambas partes necesitan coexistir, porque son un todo indivisible, que trabaja mano a mano para crear la realidad que deseamos.

Nuestra identidad es la historia que hemos venido a contar al mundo, y el propósito de vida, el canal que hará posible que se la contemos. Se trata de sincronizar nuestros átomos con los del objetivo, porque necesitan comunicarse para poder narrar dicha historia. Las sinergias de ambos se entrelazan y se convierten en una fusión de energía inteligente que posibilita la transmisión del legado que dejaremos tras nosotros cuando nos marchemos. Somos el narrador, la narración y también quien está escuchando. El universo es un reflejo de nuestro interior y, mediante la manifestación de la identidad, buscamos beneficiar a los demás, haciendo de espejo de las partes de sí mismos que desconocen. Y no hay ego al pretender captar su atención y que se emocionen con nuestro discurso. En última instancia, podríamos decir que todos los propósitos de vida son en esencia espirituales, porque todos y cada uno de ellos contiene un mensaje distinto para el mundo.

Cada uno de los grandes arquetipos de la antigüedad llegaron a este lugar con su propio relato espiritual: Jesús, Buda, Mahoma, Krishna, Zoroastro, etc. Todos ellos expresaron sus identidades de forma plena, lo que les permitió vibrar en la máxima frecuencia y convertirse en transformadores de la sociedad. Vemos cómo su mensaje, indistintamente de los credos personales, incluso al margen de si fueron personajes reales o de ficción, los condujo a pasar a la historia y ser reconocidos como entidades universales, cada uno con su particular manera de explicar la realidad.

Aquí podemos apreciar perfectamente cómo el propósito de vida elegido consistía en ser ellos mismos. Es obvio que todos tenían unos objetivos perfectamente definidos que alcanzar y los cumplieron sobradamente dejando su mensaje tras de sí. Porque ya sabemos que identidad y propósito constituyen una perfecta unidad y que, por muchos planes que hagamos, si la identidad o el propósito no están conectados, de nada servirán nuestras buenas intenciones al respecto.

Cada una de las identidades existentes representa una pieza fundamental en este puzle mágico, donde todas las vocaciones son imprescindibles para el buen funcionamiento del orden universal. No hay unas identidades más importantes que otras, aunque estos agravios comparativos están a la orden del día: lo podemos ver cuando se establece una rivalidad entre distintos roles profesionales, porque unos están mejor considerados que otros, cuando es el ego quien ha creado esta división mediante el juicio y la comparación.

No existen identidades de primera y de segunda, lo que sí hay son unas identidades más decodificadas que otras, y lo que establece la diferencia entre los distintos grados de manifestación es hasta qué punto nos atrevemos a ser quienes somos. Definir al máximo nuestra naturaleza nos conduce a escenarios universales donde entendemos lo excitante que resulta estar dentro de la simulación.

Por esta razón a todos nos interesa decodificar o expresar una identidad completa, y no una identidad dual, sesgada o sucedánea. De lo que se trata, en definitiva, es de decodificarla hasta el final, porque en la medida en que esté más revelada, el acceso a las pantallas finales del juego será más fácil.

La intención de expresar una identidad y experimentar los deseos a través de ella es en sí misma una idea brillante. Que elijamos jugar a ser biólogo, historiador, arqueólogo, lingüista o militante de Greenpeace es maravilloso y resulta de lo más interesante. El problema surge cuando nos apegamos tanto al deseo que la identidad que tan buenos resultados nos estaba ofreciendo se transforma en el verdugo que maltrata o en la víctima que se deja maltratar para poder vivir la vida que desea. El apego desfigura la identidad porque desordena el sistema de energías y nos lleva al mayor de los desequilibrios.

Que no se nos olvide que somos consciencia experimentando una identidad y no una identidad experimentando una consciencia. De hecho, cuanto más conscientes seamos de este orden secuencial, más nos divertiremos, porque menos miedo tendremos de apegarnos al deseo. Cuando dejamos de creer que tener más nos hará existir más, comenzamos a vivir la vida de forma integral para alcanzar de una manera consciente las esferas finales del juego.

7

Energía: la llave del hacer

La energía es aceptación y la aceptación es amor

TODO ES ENERGÍA

Entramos en la penúltima escala del viaje, donde descubriremos cuál es la clave para subir y bajar la energía dentro de la frecuencia. Aunque hayamos hablado de ella en momentos anteriores del relato, conviene que profundicemos más para saber a qué nos referimos exactamente cuando hablamos de energía y cómo utilizarla para conquistar nuestro propósito de vida. Recordemos que la energía es el elemento clave para alcanzar nuestras metas, mediante la cantidad, continuidad y coherencia con que la apliquemos. Y también que hay una parte de ella que está en la sombra y no la aceptamos por haberla utilizado sin consciencia cuando nos apegamos al deseo.

Energía es aquella herramienta o vehículo que permite crear cualquier realidad inexistente. Puesto que el universo está compuesto de esta sustancia en apariencia intangible, es a través de ella como hacemos posible la realización de nuestras metas. Todo lo que estamos observando en este momento es energía y, aunque su apariencia sea material, su esencia es inmaterial.

Una persona, una silla, una taza, una pared, etc., todas ellas son formas diferentes de energía, y la física de partículas se encarga de demostrarnos que la apariencia de solidez es un mero espejismo. A nivel subatómico, la energía son fotones o electrones vibrando a distintas velocidades, en diversas frecuencias de información e intercambiando sus posiciones en una danza interminable de luz y color.

Comprender que todo es energía y que la materia es una persistente ilusión nos permite descubrir que la realidad está creada por medio de este principio universal. En la energía reside el secreto para conquistar los objetivos deseados y, mediante su uso y aplicación, materializamos las intenciones provenientes de nuestras elecciones. Vendría a ser una especie de sustancia etérea que, dirigida de la manera adecuada, convierte las ondas en partículas, y las expectativas mentales, en realidades demostrables.

En el primer capítulo explicábamos cuál era el tipo de

ondas que debíamos emitir para conquistar las metas deseadas; ahora comprenderemos exactamente a qué nos referimos cuando hablamos de ondas de energía. Probablemente todos esperaríamos que fuera algo muy complejo o de lo que nunca hemos oído hablar, pero, en realidad, el secreto de su naturaleza y composición es muy sencillo. Sin embargo, a estas alturas de la evolución, esta información lleva siglos a la vista y la clave reside en averiguar cómo encaja esta pieza dentro de nuestro puzle existencial.

Cuando los objetivos se materializan correctamente es porque estamos utilizando la energía de forma adecuada y, cuando sucede al revés, es porque la aplicamos de forma inapropiada. En esta parte del recorrido ya sabemos que el universo está diseñado con una serie de reglas que, cuando se cumplen debidamente, dan como resultado el futuro que deseamos.

Decíamos más arriba que la identidad que elegimos expresar determina el tipo de frecuencia en que vibramos, dando como resultado su materialización en el mundo real. Vamos a averiguar cómo beneficiarnos de la energía para ascender lo máximo posible dentro de la frecuencia elegida y así entenderemos mejor la analogía que utilizábamos al principio del libro cuando hablábamos del ascensor. Es decir, la frecuencia simboliza nuestro escenario de vida, y la vibración, cuánto ascendemos o descendemos dentro de ella.

¿Qué es la energía, por tanto?

La traducción literal del término «energía» sería «aceptación», «aceptación de la identidad» para ser más exactos. La energía es aceptación y la aceptación es energía. Que tengamos mucha o poca energía dependerá exclusivamente del grado en que aceptemos nuestra identidad. Esto es, si sustituyéramos la palabra «energía» por la palabra «aceptación», estaríamos diciendo exactamente lo mismo.

Debido a esto, cuanto más aceptamos nuestra identidad más alto vibramos dentro de la frecuencia y, cuanto menos la aceptamos, más bajo vibramos dentro de esta. Siguiendo con el ejemplo anterior, cuanta más aceptación de la identidad tengamos, más arriba subirá el ascensor y, cuanta menos aceptación, más descenderá hasta las plantas inferiores del edificio. Energía y aceptación, por consiguiente, son la misma cosa.

La frecuencia representa el tipo de identidad que estamos eligiendo expresar, y la vibración, en qué proporción la estamos aceptando. Y debemos saber que elegir la identidad no conlleva necesariamente aceptarla.

En el capítulo anterior explicábamos la importancia de que la identidad esté lo menos diversificada posible; ahora completamos esta información descubriendo lo esencial que resulta aceptarla del todo para poderla manifestar con resultados excelentes. Elegir la identidad y aceptarla deberían ir de la mano, pero una cosa es escoger quiénes somos y otra muy distinta ponerlo en práctica. Cuando ambos aspectos no están unificados es como si optamos por hacer unas vacaciones multiaventura y no salimos del hotel en todo el día.

Puesto que la identidad representa lo que elegimos ser, y el propósito de vida, lo que deseamos tener, la identidad aceptada representa la energía del hacer. «Hacer» significa expresar lo que somos, porque, si la identidad no se realiza, de poco servirá ser y desear. De la misma manera que energía y aceptación son la misma sustancia, aceptación y hacer también lo son. Por tanto, grabémonos bien esta frase:

> **Aceptar la identidad de forma plena es la clave fundamental para la consecución del propósito de vida.**

¿Por qué llamamos hacer al acto de aceptar nuestra identidad? Porque la identidad que no se acepta no se realiza. Podemos elegirla, pero si no la aceptamos, no nos servirá de nada a la hora de conquistar el propósito de vida. La energía del hacer representa la identidad aceptada, y cuanto más aceptada tengamos nuestra identidad, más la realizaremos y alcanzaremos, así, las metas anheladas.

Cuando aceptamos la identidad estamos sincronizando nuestros fotones de energía con los del propósito, y esta sinergia nos conduce al modelo de vida deseado. Si la intención del momento es ascender lo más posible dentro de la frecuencia, es imprescindible aceptar de forma plena la identidad, porque es la llave que nos transportará a dicho lugar.

A su vez, aceptar es sinónimo de amar, lo que significa que si la energía es aceptación y la aceptación es amor, la esencia del universo es el amor, y la forma objetiva de amar es a través de la aceptación. Amamos aceptando y, cuanto más aceptamos algo, más lo amamos y más alto vibramos. De este modo, energía, aceptación y amor son un todo indivisible, donde las tres partes se fusionan entre sí y, aunque parezcan identidades diferentes, en realidad son la misma.

Por tanto, la manera objetiva de amar algo y vibrar en su frecuencia es por medio de la aceptación, como estamos viendo. La única forma real de sintonizarnos con el propósito que observamos y deseamos es, por consiguiente, enamorándonos de él, como dijimos en su momento. De este modo, una palabra tan grande como «amar» no se nos escurrirá entre los dedos cuando queramos practicarla.

> Dime cuánto aceptas tu identidad
> y te diré lo alto que vibrarás.

En el lado inverso tenemos la palabra «juzgar», que es el opuesto de aceptar. Cuando juzgamos algo lo estamos rechazando y si lo rechazamos huelga decir que no lo amamos. Y, de este modo, juzgar se convierte en la forma de desamor más cruel que existe en este universo conocido. Cuando juzgamos algo, lo estamos apartando y clasificando. Entre otros muchos ejemplos de discriminación, es inconcebible que, a estas alturas de la evolución humana, se siga vejando, humillando e incluso matando a personas solo por el hecho de tener una identidad sexual diferente.

Ya dijimos en su momento que lo que se rechaza en el otro es lo que no se acepta en uno mismo. Así, estas personas que agreden verbal o físicamente a un semejante porque no aceptan su identidad deberían dirigir la mirada a su interior y aprender a amar esa identidad en ellos mismos. De nuevo aparece la sombra y muestra que aquello que nos negamos a sentir tampoco se lo permitimos sentir a nadie más. La aceptación es la forma de medir el amor que se tiene hacia cualquier entidad del universo.

ACEPTACIÓN INSUFICIENTE DE LA IDENTIDAD

Una vez reconocida la identidad original, cuanto más la aceptemos, más alta será la esfera del juego que alcancemos y viceversa. Por ello debemos tener claro cuál es nuestro grado de aceptación, porque si nuestra identidad original es la de empresario, pero emprendemos de forma difusa, escalaremos o descenderemos dentro del mundo de la empresa, pero sin grandes beneficios. Por tanto, si el negocio no funciona es porque el nivel de aceptación de la identidad es insuficiente.

Esto significa que si vibramos en la frecuencia del empresario, pero no aceptamos suficientemente dicha identidad, estaremos más tiempo parados que trabajando, lo cual hará que nos sintamos encarcelados en la vida que deseamos debido a la ausencia de resultados. Aceptarnos de forma incompleta implica vibrar en la parte baja de la frecuencia elegida, acabando por vivir en un mundo pequeño cuando la realidad es que deseamos vivir en uno grande.

Resulta doloroso vivir en las esferas inferiores del propósito cuando nuestro anhelo es residir en sus esferas superiores. Muchas personas viven esclavas en este modelo de realidad, debido a que expresar una identidad menor imposibilita el ascenso a los niveles superiores de la frecuencia. Pretender construir una vida grande desde una identidad pequeña implica la obtención de beneficios pequeños, que provocan enfado y frustración en el sistema emocional.

Por ello debemos comprender que las identidades insuficientemente aceptadas quedan automáticamente sintonizadas con las vibraciones inferiores de la frecuencia. En estos casos, el factor temporal es muy importante, porque cuanto más tiempo pasemos vibrando en la parte baja más complicado se volverá escapar de ella. La buena noticia es que siempre estamos a tiempo de salir de ahí, lo único que necesitamos es aceptar de una forma más plena la identidad para vibrar más alto dentro de la frecuencia.

Cuando la aceptación de la identidad es escasa, los resultados esperados no suceden. Indistintamente de la actitud o férrea voluntad, porque si las ondas de aceptación que emitimos son escasas, de nada valdrán nuestras pretensiones de conquistar dichas metas. El universo funciona con energía y la energía son matemáticas, lo que conlleva que las reglas son iguales para todos. Si la aceptación de la identidad es discontinua o dispersa, ocurre lo mismo que cuando utilizamos una manguera con múltiples agujeritos que impiden la salida del agua a presión. La fuerza de cohesión la produce aceptarnos por completo y no que estemos llenos de buenas intenciones.

Pensemos en Blanca, una mujer que harta de compatibilizar su trabajo de dependienta con el de escritora, decidió apostarlo todo a una carta y se lanzó al abismo dejando su trabajo sin más. La razón por la cual le salió tan bien la jugada —comenzó a trabajar al poco tiempo como guionista— es porque el nivel de aceptación que tenía hacia su identidad original era descomunal, solo que ella lo desconocía y, por tanto, seguía manifestando una identidad menor que la mantenía atrapada en una realidad alternativa.

Estas situaciones acontecen cuando la persona está preparada para expresar su identidad de forma completa, pero la falta de observación de sí misma le impide ser consciente. Llama la atención que no reconozcamos el momento de ir a por todas y sigamos esperando que una situación externa nos rescate de nuestro presente. A nosotros nos corresponde saber en qué parte del viaje nos encontramos para determinar cuándo es tiempo de soltar o esperar. Por este motivo, hay personas que necesitan un trabajo alternativo y otras, sin embargo, necesitan sentirse expuestas para crear la vida que desean.

Debido a esto, existen dos formas diferentes de llegar al mismo lugar y tenemos que elegir cuál queremos aplicar: las situaciones más conciliadoras, donde vamos desarrollando una aceptación gradual de la identidad, o las situaciones más extremas, donde estar sin red es la única salida posible. En cualquier caso, si nos equivocamos a la hora de establecer las estrategias, tampoco pasa nada y podemos volver a decidir, siempre con la firme intención de realizar la identidad original en el menor tiempo posible.

Algo que también conlleva frustración es cuando quedamos encallados en unas circunstancias de vida confortables, que desvelan que aceptamos la identidad solo hasta ese grado. Es algo que nos sucede cuando nos acomodamos tanto en la esfera conquistada, que acaba siendo una jaula de oro que nos impide seguir enfrentando nuevos retos, por lo que perdemos el deseo de seguir jugando.

Este patrón de identidad lo rompió el actor estadounidense Matthew McConaughey quien, harto de interpretar comedias románticas, decidió no hacer más papeles de ese estilo y esperar hasta que le ofrecieran un tipo de personaje diferente. Tuvo que estar casi dos años sin trabajar, hasta que por fin aparecieron las propuestas profesionales que deseaba. Esta decisión de apostar por su identidad en un nivel superior le cambió la vida para siempre y lo condujo a conseguir un Oscar y a ser uno de los artistas más prestigiosos de su generación.

Algo parecido ocurrió en la vida de Marco, un chico que trabajaba de monitor en un club de baloncesto, mientras se formaba en gestión deportiva. Dudaba de sí mismo, respecto a si tenía sentido dedicarse profesionalmente a su pasión por la empresa o apostar por un futuro de entrenador. Su identidad ya estaba aceptada y aunque vibraba en la frecuencia adecuada no terminaba de aceptarla del todo. Hasta que se sinceró consigo mismo y reconoció que aquello que deseaba de verdad tenía relación con la gerencia y no tanto con las actividades deportivas de campo.

De esta manera abandonó su puesto de entrenador en el equipo y depositó toda su energía en aprender dos idiomas para tener una formación más completa. Esta estrategia le fue increíblemente bien y en estos momentos es mánager deportivo de un club de baloncesto con sede en otro país. Vive, así, fuera de España y está realizando una carrera profesional brillante y exitosa.

También tenemos el caso de personas que, apostando fuerte por la vida que desean, de un modo u otro siempre acaban regresando al punto de partida. Es curioso este patrón, porque en realidad lo intentan con empeño, pero siempre acaban aterrizando en el lugar del que salieron, que no es otro que la frecuencia vibratoria conocida. Cuando esto sucede es porque el miedo a encontrarse con su sombra es mayor que su deseo. ¿La solución? Aceptación radical de la identidad.

El mejor momento para aceptar quiénes somos de forma integral es ahora, evitando de esta manera las identidades parciales que nos ofrecerán resultados de vida parciales. Tiempo y espacio existen en nuestra vida porque existen en nuestra mente. Siempre es ahora, y la identidad y el propósito pueden activarse en cualquier momento por más difíciles que sean las circunstancias del presente. Simplemente debemos ser conscientes de cuáles son los retos y desafíos que nos sentimos capaces de afrontar y establecer las estrategias adecuadas para conquistarlos.

¿Cómo debemos proceder para liberarnos de una identidad insuficiente y expresarla de forma total? Pues poniendo toda la atención en la identidad original, comprometiéndonos al máximo con ella y aceptándola de la manera más integral posible. Estar ubicados en una identidad menor conlleva el peligro de acostumbrarnos a vibrar en las partes inferiores de la frecuencia, renunciando así a estar completos y conquistar el propósito plenamente.

LAS RESISTENCIAS BLOQUEAN EL CAMINO

La palabra «resistencia» quizá sea una de las más utilizadas en el mundo del crecimiento personal cuando buscamos averiguar por qué la vida no resulta como queremos. No lograr la vida que deseamos evidencia claramente que nos estamos saboteando a nosotros mismos. La manera objetiva de boicotear nuestras acciones y resultados es bloquear la identidad para que esta no se manifieste de forma plena. El universo siempre está respondiendo a las ondas de intención que le enviamos, y si las energías emitidas están adulteradas por el miedo, el campo las materializará como bloqueos.

Esto sucede cuando ejercemos una resistencia mayor que las intenciones de recibir los resultados que esperamos. Si las resistencias no existieran, todos experimentaríamos de manera completa la vida que diseñamos para nosotros, afrontando los retos y desafíos de vivirla con consciencia. Lo que diferencia una vida realizada de una irrealizada es el nivel de resistencia que ejerzamos hacia la identidad original.

Una vez explicado, urge averiguar cuál es la manera objetiva de resistencia y por qué sucede esto. Resistirnos a la identidad no es algo que ocurra naturalmente; de hecho, es una anomalía porque va en contra del plan que trazamos en el origen. Lo orgánico sería admitir nuestra esencia, de forma integral y expresarla a través de la conquista del propósito, pero no sucede así porque nos convertimos en nuestro propio enemigo, debido a una causa bien fundamentada que enseguida explicaremos.

Este conflicto generado al elegir una identidad para no aceptarla y resistirnos a expresarla es algo que solo sucede en nuestra especie. Somos el único animal que se resiste a ser quien es. ¿Imaginaríamos a un perro queriendo ser un gato, o a un león queriendo ser un tigre? Pues en nuestro caso, el ingeniero quiere ser anticuario, el anticuario quiere ser abogado y el abogado lo que quiere es jubilarse. En la naturaleza no existe nada parecido al hecho de escoger una identidad e intentar por todos los medios que esta no se exprese.

La vida nos demuestra de modos diversos que nos resistimos a aceptar la identidad cuando sufrimos episodios de suplantación de la identidad en temas bancarios, cuando en las redes sociales nos roban la cuenta o cuando perdemos la cartera con toda la documentación dentro. Todas estas experiencias reflejan el problema fundamental de no estar aceptando de manera completa la identidad original elegida. Ya anticipamos en otro momento de este libro que la forma de resistirnos a vivir el propósito de vida era no utilizando suficientemente la energía, ahora ampliaremos esta información para que se entienda mejor.

Dicho esto, el mecanismo que utilizamos para resistirnos a expresar la identidad de manera total es no aceptando una parte de esta o, lo que es igual, no aceptando esa energía. Podemos averiguar a qué nos resistimos observando qué parte de la identidad ajena no aceptamos. Porque aquello que no se abraza en uno mismo tampoco puede abrazarse en los demás. Cabe recalcar las carencias que genera en nuestras vidas aceptar la identidad a medias, de manera discontinua, o no aceptarla de forma plena, como es el caso.

Si esto de lo que hablamos nos suena, hemos acertado de pleno, porque nos estamos refiriendo una vez más a la sombra, esa parte de nuestra identidad o energía que no aceptamos desde el principio de los tiempos. Esta información debe hacernos comprender el condicionante tan enorme que supone negarla, porque limita que la identidad se manifieste de forma completa.

Rechazar una parte de nuestra identidad afecta directamente a la consecución de los objetivos, porque realizarlos con éxito solo es posible si se manifiesta completamente. Cuando huimos de la sombra dejamos de aceptarla, lo que significa que nuestra identidad se expresa de manera dividida o parcial. Ya sabemos que una identidad indefinida, o dispersa, crea un futuro igual de indefinido o disperso, impidiendo, así, que alcancemos las esferas más altas del juego.

Pretender conquistar las metas deseadas con una identidad pequeña, negada o escindida es el equivalente a querer ganar los cien metros lisos corriendo a la pata coja. La incompletitud de la identidad genera una minusvalía energética en nosotros que intentamos equilibrar con los aspectos restantes de esta, cuando lo cierto es que ninguna otra parte puede sustituir la realización y expresión de dicha polaridad.

Compensar con partes distintas aquello que no aceptamos en nosotros provoca en el sistema emocional un enorme desajuste. Se parece a cuando vamos al fisioterapeuta por un dolor en el cuello y nos dice que ese dolor proviene de la cadera, lo que, en palabras del profesional, significa que el problema lo hemos derivado a otro lugar, pero en ningún caso lo hemos resuelto. Las deficiencias que el cuerpo intenta rectificar siempre están reflejando las resistencias emocionales a expresar la identidad de forma plena.

Expresar esa parte de nosotros es innegociable si queremos llegar lejos en la vida deseada. El objetivo es reconciliarse con esa propiedad, comprendiendo que el problema nunca fue su naturaleza, sino el apego al deseo que provocó su mal empleo. Por eso la energía es aceptación y la aceptación es energía. Estas dos palabras, que en realidad son una misma, nos abren las puertas al mundo de las posibilidades infinitas.

Ampliando un poco más la información, también debemos saber que la energía que no aceptamos en nosotros tampoco la aceptamos como parte del propósito de vida. Tenemos que ser conscientes de la incongruencia tan enorme que supone querer conseguir una meta cuando se rechaza un aspecto fundamental de esa meta. El espejo nos recuerda lo necesario que resulta aceptar que esa cualidad forme parte del objetivo deseado.

Aceptar esa parte faltante en nosotros es clave para la consecución del propósito, porque representa la energía que nos permite tener una identidad total. Si lo analizamos con calma, comprobaremos que esta pieza del puzle está afectando de forma absoluta a nuestra realidad, mediatizando todos los escenarios de vida posibles: amor, dinero, estudios, amigos, etc. No aceptar una parte de nosotros crea distorsión en todas las áreas de vida y se convierte en motivo fundamental de frustración cuando los resultados no aparecen.

Ya sabemos que no hay partes malas en la identidad, sino partes de la identidad mal utilizadas, que no es igual.

Al aceptar esa polaridad transformamos la sombra en luz, encaminándonos a la conquista del propósito en las mejores condiciones posibles. Podríamos decir que todo se mueve en torno a una cuestión llamada identidad aceptada, porque aceptando lo que rechazamos la identidad queda completa y más fácil resulta lograr las metas que nos hemos propuesto.

La estructura del juego fue diseñada de forma sencilla y elegante para que pudiera ser entendida por cualquier persona, al margen de la consciencia despierta que tuviera. De esta manera, si nos preguntáramos cuál es la clave para conseguir la vida que deseamos, la respuesta sería: ser conscientes de la identidad elegida y aceptarla de la forma más completa posible.

> Cuanto más aceptamos nuestra identidad,
> más alto vibramos dentro de la frecuencia
> y mayores son los resultados que obtenemos
> dentro de esta.

Pero si nos angustia desconocer esa parte que nos mantiene atrapados en una identidad insuficiente, no debemos preocuparnos, porque existe un método muy sencillo para integrarla en nuestro interior aunque no podamos imaginar cuál es.

La fórmula es la siguiente: aceptando íntegramente

nuestra identidad, aceptamos la parte escindida de dicha identidad. Esto significa que, aceptando la identidad sin reservas, aceptaremos todas sus partes por igual, porque el amor hacia quienes somos inundará de consciencia todas las partes que nos componen.

Aceptar y amar son la misma cosa, ya lo dijimos, lo que implica que, aceptando sin fisuras nuestra identidad, eliminamos de nuestro interior cualquier juicio o rechazo hacia nuestra persona, abrazando de esta forma a todas sus partes por igual. Aceptando de forma plena nuestra identidad, integramos por fin esa parte sombra que condenamos al exilio en el pasado.

Es el mismo principio de la filosofía taoísta, que explica que todo contiene todo. La unidad es la suma de todas las partes de un sistema, lo que significa que, si aceptamos del todo lo que elegimos ser, se acabó para siempre el problema de estar divididos o incompletos. Cuando el grado de entrega hacia nuestra identidad es absoluto, entramos en comunión con la totalidad y nada podrá pararnos.

ACEPTACIÓN RADICAL DE LA IDENTIDAD

Cuando las ondas de energía son muchas, coherentes y continuas, es porque aceptamos en gran medida nuestra identidad, somos coherentes con ella y su aceptación es continua. Estos tres fundamentos son esenciales para llegar a buen puerto y no sería lógico desesperarnos cuando la energía necesaria para conseguirlos no se aplica en la proporción adecuada.

El orden natural sería definir bien la identidad para entrar en la frecuencia adecuada y, cuanto más la aceptemos en nosotros, más alto escalaremos dentro de ella. Una vez entendida la explicación, su puesta en práctica en realidad es muy sencilla, ya que la frecuencia en que vibramos representa la identidad por la que estamos apostando y lo alto que lleguemos dentro de ella dependerá de cuánto la aceptemos.

Como estamos viendo, la solución es más sencilla de lo que parece, por más que encontremos infinitas excusas para perpetuar la situación que tanto nos hace sufrir. Es equivalente a lo que sucede en el terreno afectivo, cuando nos empeñamos en estar con alguien que no quiere estar con nosotros y, aun así, le damos nuestra energía a sabiendas de que esa relación no tendrá un buen final. Debemos ofrecer nuestro amor a todo aquello que nos conduzca hasta los objetivos deseados y asegurarnos de que estamos sembrando en terreno fértil y no en terreno pantanoso.

Dedicamos mucho tiempo y atención a frecuencias de vida que no están en línea con los objetivos marcados. Está claro que tenemos que pagar las facturas, pero lo que nos provoca tristeza y frustración en el sistema emocional no es tanto trabajar en lo que no nos gusta como el hecho de no acabar de comprometernos con lo que sí nos gusta. El sufrimiento, por tanto, no está provocado por la ausencia de resultados, sino más bien por la ausencia de compromiso.

El medidor para averiguar cuánto aceptamos la identidad es muy sencillo y tremendamente democrático para todos, y no es otro que los resultados que obtenemos. Si los rendimientos recibidos no son los esperados, solo puede ser debido a que la aceptación de la identidad es insuficiente. El exterior nunca engaña y si la vida que deseamos no se cristaliza es porque aceptamos poco nuestra identidad original.

La fantasía de creer que aceptamos de forma integral la identidad es más perjudicial para nosotros que resistirnos a abrazarla del todo. Si el relato que nos contamos es que la tenemos aceptada en un grado alto, difícilmente hallaremos la solución cuando los resultados no aparezcan. Porque siendo así, ¿cómo vamos a resolver un problema que no reconocemos como tal? Ser conscientes de que nos mentimos al respecto es fundamental para resolver la situación y dejar de vivir esa ficción.

Por tanto, cuando los resultados no se presentan, es sencillamente porque no estamos aceptando la identidad en el grado necesario para alcanzar los niveles superiores de la frecuencia. De hecho, cuando la aceptación de la identidad es muy alta, el miedo a la sombra poco puede hacer para impedírnoslo, porque, como acabamos de exponer, el grado de amor hacia la identidad está muy por encima del miedo a las consecuencias de ser quienes somos.

Cuanto más nos enamoremos de nuestra identidad, más emocionantes serán los rendimientos que obtendremos. Las personas que tienen vidas interesantes son tan interesantes como sus propias vidas. Lo de fuera refleja lo de dentro, ya lo sabemos, y si pretendemos abrirnos a nuevas experiencias, previamente debemos aceptarlas en nuestro interior. Por eso, si queremos experimentar realidades apasionantes, la pasión debe formar parte estructural de la identidad que elegimos expresar; de no ser así, será imposible que podamos entrar en esas frecuencias de vibración tan excitantes.

El universo funciona por la ley de semejanza y, si queremos entrar en un nivel vibratorio concreto, tenemos que aceptar nuestra identidad en el grado correspondiente. La aceptación es amor y el amor sincroniza las frecuencias. Por eso, en páginas anteriores del libro, explicamos que es imposible formar parte de cualquier sistema que no se acepta de forma integral.

La identidad aceptada de manera plena es el pasaporte para acceder a vibraciones más verticales dentro de la frecuencia. Cuanto más nos aceptamos, más completos nos volvemos, más alto vibramos y más experiencias vitales experimentamos. Lo único que diferencia vibrar alto de vibrar bajo es el grado de aceptación de la identidad que cada uno posea. Porque la persona que está entregada a su talento evidentemente desarrolla unas mecánicas de compromiso y esfuerzo que no pueden compararse con quien se resiste a sí mismo.

Si hemos elegido la identidad de cineasta y no grabamos aunque sea a nuestra abuela con el móvil, ¿cómo podremos pensar que algún día estaremos al frente de esas grandes películas de las que todo el mundo hablará? ¿Cómo vamos a ser escritores si no escribimos, deportistas si no entrenamos o profesores si no enseñamos? Es evidente que, si nos hemos comprado un traje maravilloso pero no nos lo ponemos, de nada servirá tenerlo en el armario.

Esto podría parecer una verdad de Perogrullo, pero desgraciadamente no lo es, porque hay una cantidad ingente de personas que no aceptan su identidad de forma suficiente. Aceptar la identidad significa realizarla. Por eso es tan importante entender que la energía del hacer no es otra cosa que la identidad aceptada hasta sus máximas consecuencias. La energía es identidad aceptada y la identidad aceptada es identidad realizada. Realizar la identidad es la forma objetiva de aceptarla.

Todas las personas que llegaron lejos en sus actividades profesionales ya realizaban su identidad desde la infancia. El arquitecto del presente pedía como regalo de cumpleaños un juego de construcción. El futbolista profesional iba con el balón a todas partes. La actriz ganadora de un Oscar actuaba frente al espejo, y así podríamos citar miles de ejemplos donde el denominador común en todas estas personas es la realización de su identidad de manera total.

Aceptar la identidad al completo es el portal de acceso a la vida que estamos deseando conseguir. Si no realizamos lo que elegimos ser, la energía no puede compactarse y convertirse en materia, porque aceptar quiénes somos no significa pensarlo, sino hacerlo y ejecutarlo. Antes o después, todo pasa irremisiblemente por la acción.

Recordemos aquel cuento budista donde el maestro se dirige a su discípulo:

—Maestro: Hay que hacer...

—Discípulo: ¿Qué hay que hacer, maestro?

—Maestro: ¡No lo sé!, pero haz y no estés en la mente.

Realizando la identidad convertimos en realidades objetivas las ondas de intención que estamos emitiendo desde el interior. Aceptar la identidad es la llave del hacer, porque lo que somos necesita ser expresado y, de no ser así, corremos el riesgo de convertirnos en teóricos de una identidad que no terminamos de practicar. Realizar la identidad hace de puente entre lo que elegimos ser y lo que deseamos tener. Si no hacemos lo que somos, no lo somos. Así funciona el patrón.

No habría placer mayor para una persona a la que le

guste el automovilismo que ir a un concesionario, elegir un Porsche y salir de él conduciéndolo. ¿Qué nos parecería que la vida nos regalara el caballo que deseamos pero nos impidiera montarlo? ¿O que nos enamoremos de alguien pero la relación solo pudiera ser a distancia?

El valor que adquiere la puesta en práctica de la identidad es enorme, a diferencia de la energía de la intención, que por sí misma resulta muy valiosa, pero desconectada de la acción, no sirve para nada. Si por intenciones fuera, todos estaríamos viviendo la vida que deseamos, porque la clave no está en lo que queremos, sino en cuánto realizamos lo que somos. Aceptar la identidad de forma total significa realizar lo que elegimos ser, que es de lo que al fin y al cabo siempre se trató.

Toda identidad tiende al infinito. Siempre podemos ser más. Podemos ser un músico que gana discos de oro, platino o uranio, etc. Podemos ser el escritor que recibe un Premio Nobel o un científico que obtiene reconocimientos nacionales o internacionales. Cada una de estas posibilidades son expresiones del grado de compromiso adquirido hacia la identidad y el propósito de vida deseado.

Por eso el patrón diferenciador que poseen aquellos que denominamos genios no es precisamente la capacidad de entrega y sacrificio, sino la facultad de no negociar su identidad. Esto quiere decir que la genialidad aparece porque aceptan de manera incondicional lo que eligieron ser y no porque tengan un gen del que carecemos los demás. Dicho de otro modo, la genialidad no es otra cosa que identidad aceptada de forma radical.

PRIMERO TÚ

Cuando aceptamos integralmente la identidad, el mundo que conocemos girará alrededor de nuestro talento y vocación. Esto no significa que tengamos que prescindir del resto de los escenarios que también nos interesan, pero el orden jerárquico sería: primero nosotros y luego todo los demás. Es una especie de patrón universal, porque la columna vertebral de la existencia es la realización de la identidad y el cumplimiento del propósito.

El núcleo central de nuestras vidas debería ser la vocación y el desarrollo de los talentos, porque es el canal a través del cual nos expresamos en el mundo. Cualquier identidad engloba dentro de sí misma el resto de las identidades existentes: padre, hermano, hijo, esposo, pareja, etc. Podemos manifestar tantas partes de la identidad como queramos, pero debemos entender que solo una de ellas es la original y, si esta parte falla, fallarán todas las demás.

Vista desde fuera, esta postura existencial podría parecer egocéntrica, dado que la persona en cuestión se antepone al resto del mundo y daría la impresión de que no le importa nadie más. Pero nada más lejos de la realidad, en ningún momento hemos dado a entender que el resto de los componentes de la vida se dejen de lado o les quitemos importancia: simplemente se trata de entender que la energía funciona de dentro afuera, y que si no estamos felices siendo quienes somos y las metas deseadas no suceden, de poco servirá que poseamos una vida emocional o social excelente.

Este error a la hora de establecer el orden de prioridades en nuestras vidas probablemente haya dejado más víctimas por el camino que todas las guerras mundiales juntas. En la intención de vivir el propósito con todo lo que incluye caemos en la equivocación de desearlo de forma desordenada, esperando que las preferencias se organicen ellas solas y por arte de magia nos conduzcan a los resultados esperados.

La vida tiene una estructura y es la misma para todos. Por supuesto que podemos organizar la conquista del propósito en el orden que nos dé la gana. Podemos empezar por tener un hijo, luego podríamos enamorarnos y después intentar encontrar quiénes somos y qué vinimos a hacer aquí. La libertad de albedrío permite que vivamos la vida a nuestro modo y en la dirección que decidamos, aunque eso no signifique necesariamente que la disposición sea la adecuada.

Cuando nos alineamos con el diseño universal, comprobamos que la identidad fue el origen de todo, algo perfectamente comprobable, porque nada más nacer recibimos nombre y apellidos. Es decir, la identidad es el principio creador, y realizarla, la única forma de vivir conscientemente el resto de los componentes de nuestra vida.

Por descontado, muchas veces encontramos al amor antes de encontrarnos a nosotros mismos. Si así sucede, bienvenido sea, pero esta experiencia tan edificante no debería compensar las carencias de no saber quiénes somos y qué hacemos en esta vida.

¿Empezaríamos a construir una casa por el tejado? Probablemente no. Las bases estructurales en la vida del ser humano son muy reveladoras, porque los pies sostienen el cuerpo, del mismo modo que los cimientos sostienen un edificio. Lo que debemos entender es que el orden natural es: primero nosotros y luego todo lo demás, porque solo así podremos edificar una vida desde las raíces. Y esas raíces son nuestra identidad.

Si pretendemos obtener una estructura existencial a través del amor, los amigos, los viajes o caprichos varios estamos desaprovechando nuestra identidad, que, en realidad, es el cemento que nos permite integrar el resto de las áreas importantes. Hay una máxima espiritual que dice: «Todo lo que es bueno para nosotros, es bueno para los demás». Y esta premisa nos abre una puerta de infinitas posibilidades para permitirnos ser quienes somos sin juicio o culpa. Porque en muchas ocasiones, tener una carrera profesional intensa hace que la persona se sienta mal consigo misma porque tiene que viajar y no puede ver a su familia tanto como desearía.

Por eso es tan importante saber quiénes somos, dado que, una vez rendidos a la identidad que elegimos, todo se pondrá a nuestro favor para que tomemos las elecciones que traerán los resultados que buscamos. Si las prioridades no se construyen en torno a nosotros, todo lo que venga después tendrá los cimientos de barro y, tarde o temprano, se hundirá. Y la vida nos recordará que, si nosotros no estamos, nada estará, porque el mundo se organizó basándose en nuestra identidad, de manera que si incumplimos ese orden natural, nos pasaremos la vida intentando averiguar quiénes somos, mientras de manera simultánea intentamos hacer felices a los demás.

Por otro lado, no debemos conformarnos con, ni escondernos en, las partes de nuestra vida que ya tenemos conquistadas, sino que debemos usarlas como trampolín para, desde esa matriz esencial, realizarnos y manifestar el propósito deseado. Si hemos construido otras áreas que son fundamentales para nuestra felicidad es una gran noticia porque podremos concentrarnos mucho mejor en ser quienes somos, a sabiendas de que el resto de los escenarios ya están conquistados.

Tampoco debemos caer en el error de la persona exitosa, que llega a casa y la encuentra vacía, ya que ha desatendido su vida social o emocional. Siempre hablamos del modelo americano, donde viven para trabajar, en vez de trabajar para vivir. Algo que se transmite en sus películas, donde muestran el arquetipo de triunfador que se siente tremendamente solo y deprimido cuando su jornada profesional ha finalizado.

Tendemos a pensar que, como dedican mucho tiempo a su carrera, no tienen tiempo de encontrar el amor, cuando en realidad sucede al revés. En la medida en la que huyen de las relaciones emocionales tapan ese vacío existencial trabajando catorce horas al día.

Triunfar en una profesión exigente y estar enamorado o construir una familia es perfectamente compatible, siempre que la identidad esté legitimada de antemano. Cuando estamos atrapados en las creencias limitantes, quedamos divididos en dos tipos de personas: aquellas con mucho éxito profesional y mucho vacío emocional, y aquellas con mucho vacío profesional y mucho éxito emocional. Así que, si la mente nos dice que no se puede compatibilizar una carrera exitosa con una vida emocional adecuada, tiene razón, y si nos dice que, sí se puede, tiene razón también.

Que la intención de realizar nuestra identidad se convierta en nuestra prioridad no debería resultarnos extraño. El problema no reside tanto en que nos antepongamos a los demás, sino en que los apartemos de nuestras vidas cuando nos vaya fenomenal. El orden que ofrecemos incluye todos los deseos que seamos capaces de integrar y no impide bajo ningún concepto que otros aspectos importantes en la vida tengan espacio para poderse manifestar.

El global de las personas con mucho éxito en sus disciplinas profesionales situaron en el primer puesto de la lista la identidad y el propósito de vida. Lo que significa que, desde esa aceptación total de su identidad, entendieron que para llegar lo más lejos posible, debían ser lo más posible. Lo importante es el músico y no la música, el abogado y no las leyes, el actor y no la actuación, el médico y no la medicina... La identidad es la creadora de los vehículos que permiten la manifestación y desarrollo de los talentos, por eso debe quedar muy claro que primero la identidad y luego todo lo demás.

Este es el orden secuencial de la realidad. Expresemos al máximo nuestra identidad y todo lo demás sucederá, porque, como ya sabemos, la identidad creó el propósito y no al revés. Cuando aceptamos de forma integral lo que elegimos ser, todo se organiza en torno a esa intención. Poner la atención en un objetivo negando a su vez quiénes somos es el equivalente a tomarnos la sopa con un tenedor. Aceptar la identidad completa pone en marcha el circuito de consecución de metas y, desde ese lugar, todo adquiere una lógica fluida donde entramos en sintonía con nuestros objetivos de vida.

En el instante en que la identidad queda aceptada en un grado superior, las decisiones que tomamos están en línea con nuestras intenciones y los resultados esperados sencillamente aparecen. Cuando no sucede así, cualquier propuesta profesional proveniente del exterior provocará cantidades enormes de confusión en nuestro interior, puesto que si la identidad está incompleta, no sabremos determinar cuáles son las decisiones que nos conducirán a la vida que deseamos.

Cuanto más definidos estemos, mejor sabremos qué directrices tomar en los distintos cruces del camino. Vemos en muchas ocasiones cómo personas que aparentemente tienen muy claro lo que quieren, de repente se encauzan en proyectos de vida que ni siquiera ellas mismas pueden explicar. Esto no sucede porque no sepan bien adónde van, sino porque, estando incompletos, es muy difícil determinar cuál es el mejor lugar para ellos mismos. Es muy difícil, por no decir imposible, que tomemos decisiones conscientes cuando la energía que utilizamos es insuficiente.

Huir de nuestra naturaleza hará que nos perdamos por el camino, porque, como bien sabemos, la identidad y el propósito de vida son los fundamentos sobre los que está construida la existencia y si dejamos de desear, o nos conformamos con una identidad parcial, lo que elegimos ser no podrá manifestarse, y el aburrimiento y la desidia tomarán las riendas de nuestra vida.

Por tanto, sugerimos que cuando estemos asustados o el miedo nos gobierne por cualquier razón, en vez de huir de la identidad entremos plenamente en ella, porque todas las respuestas están ahí esperándonos. Es recurrente que la primera reacción que tenemos cuando esto sucede es renegar de nuestra identidad, cuando la solución es la contraria y, en vez de rebajar sus niveles de aceptación, lo que debemos hacer es aumentarlos. Cuanto más profundizamos en nuestra esencia, más poderosos nos volvemos, dado que ese poder elimina el miedo de nuestro interior.

Si queremos ser felices, empecemos por reconocer la identidad que elegimos en el origen y a partir de ahí, aceptémosla de forma plena para realizar con ella la vida que deseamos. La identidad aceptada totalmente se convierte en el origen del universo, porque es la sustancia que crea la realidad en el mundo de la materia, dando vida a cualquier tipo de ecosistema.

No existe nada más poderoso en este universo que aceptar quiénes somos de forma plena y desear el propósito de forma total, porque desde esa fortaleza interior nos enfrentamos a la vida con la calma de aquel que se conoce y sabe perfectamente lo que quiere. De esa manera, el mundo exterior jamás podrá asustarnos, ya que anclándonos en nuestra identidad sabemos que el poder está en nuestras manos.

8

Percepción: la consciencia de uno mismo

*La percepción de la realidad crea
el universo en que vivimos*

Llegamos a la recta final del viaje, donde la intención es estructurar la información recibida en los capítulos anteriores para sintetizarla al máximo posible y, de paso, agregar un último paquete de datos que nos servirán para alcanzar nuestro destino. Son ocho puntos:

1. Accedemos a los campos de frecuencia que elegimos y observamos.
2. La sombra es la parte de nuestra energía/identidad que no aceptamos ni dominamos.
3. El propósito representa aquello que deseamos obtener en la vida.

4. El apego al deseo desequilibra nuestra energía/ identidad y genera caos.
5. El desapego del deseo se produce al aceptar perder aquello que deseamos tener.
6. La frecuencia en que vibramos representa la identidad que hemos elegido expresar.
7. La energía que necesitamos utilizar para vibrar dentro de la frecuencia se llama identidad aceptada.
8. La vida que experimentamos refleja la percepción de la identidad.

Estas son las ocho claves para materializar lo que vinimos a hacer aquí. Decíamos unas líneas más arriba que vamos a ofrecer un último paquete de información para acelerar el proceso de consecución del objetivo. Son datos que, aplicados convenientemente, nos conducirán de una manera más directa hacia el propósito de vida.

Todo es percepción

Todo en el universo es percepción y no existe una realidad igual para todos. Un mismo acontecimiento varía de una persona a otra, porque el filtro ante dicha experiencia lo produce la percepción de quien está observando. Ello nos lleva a comprender que, en última instancia, el mundo en que vivimos refleja la realidad que percibimos cuando observamos. Es decir, que lo real y la realidad son cosas totalmente diferentes, porque aquello que denominamos como real es la experiencia en sí misma, y la realidad, la manera que cada persona tiene de interpretarla.

Si estamos en una reunión y pisamos con el pie a la persona sentada frente a nosotros, es un suceso real e indiscutible, tanto aquí como en Berlín. El acontecimiento, por tanto, es real, porque ha sucedido de manera demostrable y no es opinable porque es un hecho. Lo que denominamos realidad sería la manera en que interpretamos dicha situación y que la persona del ejemplo traducirá en virtud de sus filtros y percepciones mentales, a saber: «Este hombre me está invadiendo con el pie», «Creo que le caigo mal», etc.

Esto demuestra que toda percepción es única y no hay dos formas idénticas de ver la realidad, de la misma manera que no hay dos personas iguales en el mundo. La percepción es el arma más poderosa del universo, porque representa la forma objetiva de ejercer la libertad de albedrío. La última palabra siempre será nuestra, indistintamente de las características del acontecimiento que estemos experimentando. Esto evidencia el diseño inteligente del videojuego, porque nadie puede percibir por nosotros lo que solo nosotros podemos percibir.

La percepción nos hace libres. Nadie en este mundo

conocido puede interpretar por nosotros las experiencias que estamos viviendo, porque el acto de percepción nos individualiza ante cualquier persona del universo. Todos percibimos a diario lo que en el mundo está pasando y esto demuestra lo singulares y especiales que somos, porque cualquier experiencia que vivamos adoptará la forma que tengan nuestras percepciones.

Mediante los cinco sentidos, modelamos constantemente la energía hasta convertirla en la realidad que buscamos experimentar. Si nuestra vida actual es la consecuencia de nuestros pensamientos y emociones, estos a su vez son la consecuencia de cómo percibimos la realidad. Todo lo que pensamos y sentimos responde a la manera en que percibimos lo que observamos, por consiguiente, la percepción construye los pensamientos, los pensamientos construyen las emociones y la suma de todo esto se llama realidad.

Si queremos cambiar nuestra manera de pensar, tenemos que cambiar nuestra manera de percibir. En el orden universal la percepción antecede al pensamiento y este obedece fielmente a las premisas recibidas desde la consciencia que observa. El pensamiento, por tanto, es la consecuencia de la realidad percibida y no al revés. Abogamos por dirigir toda la atención hacia la percepción y no tanto hacia la forma de pensar que, como hemos dicho, representa el efecto y no la causa.

Cuando en el mejor de los casos estamos muy atentos

a nuestros pensamientos, corremos el riesgo de retirar la atención de la percepción que les dio vida. Vigilar al pensador sin duda es muy importante, pero, a nuestro entender, observar la percepción es más fundamental todavía. Los pensamientos y emociones crearán la realidad que el observador percibió, y es evidente que la forma de pensar que cada persona tiene materializa un tipo de realidad diferente.

Dirigir la atención hacia nuestra manera de pensar indudablemente nos ofrecerá grandes beneficios, pero es mejor dar un paso atrás para tener una mejor perspectiva de lo que está pasando en el presente. Ser conscientes del modo en que percibimos los acontecimientos del día representa una fuerza mucho más poderosa que la de reconocer el tipo de pensamientos que habitan en nuestra mente.

La percepción es una fuerza tan poderosa que materializa el mundo en que vivimos. Los acontecimientos del exterior no deberían tener ningún poder si comprendemos que la última palabra respecto a la forma de percibirlos la tenemos nosotros. Da igual que el ego colectivo nos bombardee con dramas o hechos luctuosos de toda índole en su intención de arrastrarnos a una realidad que solo a él conviene. Evidentemente eso solo puede suceder si regalamos nuestras percepciones a través de nuestra forma de pensar, sentir y actuar.

¿Y qué es lo que percibimos cuando observamos el mundo?

Información. Todo lo que observamos son campos de información con formas diferentes: personas, lugares, acontecimientos, objetos, etc. Energía manifestándose bajo infinitas formas y todas ellas con unos rasgos distintivos únicos. La información que recibimos desde el exterior la percibimos siempre a nuestra conveniencia; por esta razón lo que a una persona le gusta a otra le disgusta, porque siempre seremos nosotros los que, en última instancia, elegiremos qué realidad percibimos como verdadera.

Lo podemos ver perfectamente en el mundo de la política cuando, ante una misma noticia, dos personas interpretan la información recibida de forma totalmente diferente. Twitter es una vez más un gran espejo de cómo cada individuo le da una significancia distinta a la noticia del día. Por tanto, el hecho siempre es lo real y la interpretación del hecho, la realidad.

En el caso indiscutible de que se acerque un huracán a nuestras costas, alguien podrá percibir que no se tomaron las medidas necesarias para evacuar a la población y otra persona pensará que estamos exagerando y que el gobierno está haciendo política con dicho acontecimiento. Lo que es real es que se avecina un huracán de categoría 4, lo cual es evidente y constatable; a partir de ahí, cada persona interpretará la situación en función de sus particulares percepciones.

El mundo es energía compuesta de información que,

una vez materializada, se convertirá en un determinado tipo de realidad. En consecuencia, lo que percibimos con los sentidos son paquetes de energía e información que decodificamos con nuestras percepciones. Por eso la percepción que tengamos sobre nosotros es tan importante, dado que aquello que percibamos al observarnos conformará la realidad que viviremos.

Lo podemos apreciar en personajes de actualidad que no parecen especialmente talentosos, pero, en cambio, tienen una percepción de ellos mismos que ya la quisiéramos los demás. Aunque sus aptitudes profesionales no sean en exceso brillantes, si la persona posee una elevada percepción de sí misma, obtendrá un modelo de vida tan elevado como dicha percepción. El feo puede sentirse guapo y el guapo puede sentirse feo, en virtud de la percepción que cada uno tenga de sí mismo y, yendo más lejos aún, feo y guapo son percepciones del observador y no realidades objetivas.

Por eso es tan importante la forma en que nos miramos, porque si observamos todo el rato las partes de nuestra identidad que no nos gustan acabaremos por convertirlas en una realidad que será confirmada por los demás. Cuando paradójicamente de manera simultánea tenemos aspectos increíbles en nuestra persona a los que no prestamos atención y que, sin embargo, nos darían unos resultados de vida mucho más productivos en caso de percibirlos.

Si percibimos tragedia, crearemos tragedia; si percibimos miseria, construiremos miseria, y si percibimos paz, viviremos en paz. Debemos comprender que la realidad que percibimos no existe de manera objetiva, sino que está reflejando nuestra realidad interior. Esto nos sirve para recordar que los campos de frecuencia compatibles se buscan entre ellos para comunicarse e interactuar creando realidades infinitas. Por esta razón jamás podremos acceder a un campo de frecuencia exterior que no percibamos previamente en nuestro interior.

Una persona vive enferma porque la percepción que tiene de su identidad es de enferma. Por el contrario, una persona vive sana porque percibe salud en su identidad. Puede que estemos pensando que el diferencial en estos dos ejemplos no sería la percepción de uno mismo, sino la salud que se posea, y debemos entender que no es así. Hay sanos que se perciben enfermos y enfermos que se perciben sanos. Si esta percepción se mantiene con el tiempo, el que está sano se enfermará y el que está enfermo se sanará.

La plasticidad de la energía permite que moldeemos la vida acorde con nuestras percepciones. Ello significa que, si deseamos experiencias diferentes, solo tenemos que percibir y aceptar experiencias diferentes dentro de nosotros. Ya sabemos que lo que no sucede fuera es porque no se acepta dentro; por consiguiente, con la capacidad de percibirnos distintos, podemos llevar nuestra vida a lugares inimaginables.

Ni que decir tiene que la percepción que tengamos de nosotros será la misma que tendrán los demás. Analicémoslo. Irradiamos constantemente información a través de distintos canales: forma de pensar, emociones, actitudes, comunicación no verbal... Estamos emitiendo al exterior lo que somos y de la misma manera que recibimos información de los demás ellos también reciben la nuestra. Es de locos esperar a que alguien perciba desde fuera lo que nosotros no percibimos desde dentro.

Si la opinión que tenemos sobre nosotros es pequeña, no podemos esperar que el mundo opine que somos grandes. Lo que percibimos cuando nos observamos es lo que perciben los demás cuando nos miran; por tanto, si elevamos nuestros niveles de percepción, veremos cómo la respuesta de los demás vibrará en esa misma frecuencia.

Por eso es tan fundamental que estemos muy atentos a lo que percibimos cuando nos observamos. «Soy un perdedor y un fracasado» o «Soy un ganador y un triunfador» son percepciones que coexisten en nuestro interior de forma simultánea, y la diferencia estriba en que materializaremos aquella que sintamos como realidad. Todas las posibilidades del universo habitan en nuestro interior a la espera de ser observadas y percibidas por nuestro interior.

Si percibimos que un determinado país es inseguro para ir de vacaciones, así será, y nos encontraremos con personas que estuvieron allí de vacaciones y fueron atracadas a plena luz del día, algo que reafirmaría dicha creencia, convirtiéndola en algo indiscutible a partir de ese momento. Si por el contrario, nuestra percepción es que el país es un lugar amable, sus gentes son encantadoras y existe una cultura maravillosa por descubrir, nos encontraremos con el antropólogo que viaja allí varias veces al año y nunca ha tenido un problema de inseguridad.

«¡Este trabajo es difícil que me lo den!». «¡Este verano está haciendo mucho calor!». «Los catalanes son unos tacaños; los andaluces, unos fuleros; los vascos, son muy brutos, y los madrileños, unos chulos». Percepciones, percepciones y más percepciones. Las cosas son como creemos que son y no poseen una cualidad idéntica para todos. Cada persona vive en su propio mundo, creado a imagen y semejanza de sus percepciones interiores. Pero nuestro ego piensa que la realidad que todos percibimos es universal y aquel que no piensa igual está equivocado.

ELIGE TUS PERCEPCIONES

Y la pregunta pertinente llegados a este punto sería: ¿de qué depende percibir una realidad u otra?, ¿qué determina que unas personas perciban una información que les suma y otras, una información que les resta?, ¿por qué se percibiría alguien tonto en vez de listo o incompetente en lugar de competente?

La repuesta a este interrogante es muy sencilla y aquí cerramos el círculo con el que comenzamos este libro. Percibimos aquello que elegimos percibir. Así de lógico resulta. Si elegimos percibir que la vida está muy mal y el mundo se está acabando, esa realidad viviremos. Si por el contrario elegimos percibir que nunca hemos estado mejor que ahora a niveles de igualdad y derechos sociales, esa será también la realidad que experimentaremos. ¿Que elegimos percibir y aceptar una identidad parcial? Perfecto. Esa identidad percibiremos. ¿Que elegimos percibir y aceptar una identidad integral? Perfecto. Esa identidad percibiremos.

- Vivimos en el mundo que elegimos percibir.
- Nuestras elecciones determinan nuestras percepciones.
- La elección determina la percepción.

De esta manera queda claro que la percepción no es algo que nos sucede, podría parecer que aquello que percibimos en nosotros viene dictaminado por los demás, pero ya sabemos que el exterior solo tiene el poder que nosotros le damos. Indistintamente de la información que recibamos, de nosotros depende lo que queramos hacer con ella. Si el mundo nos dice que no valemos, es porque nos decimos que no valemos. Puesto que la realidad exterior es una réplica de nuestra realidad interior, si desde fuera nos perciben insuficientes, el mundo nos recordará que hemos elegido percibirnos insuficientes. Nosotros elegimos. Siempre. Ya lo dijimos en el primer capítulo del libro. Nada sucede porque sí, no hay casualidades, ni aleatoriedades, todo es orden y ese orden se despliega a partir de la libertad de elegir que tenemos como seres humanos.

Elección. Elección. Elección. Por tanto, podríamos decir que la realidad no se crea, sino que se elige o, directamente, que la forma de crear la realidad es eligiéndola. Desde ahí construimos el mundo en que vivimos y podemos modificarlo en cualquier momento solo con el acto de observar las infinitas posibilidades que tenemos a nuestra disposición. La realidad que vivimos no es otra cosa que nuestra identidad materializada; por consiguiente, si queremos cambiar de realidad hagamos los cambios necesarios en nuestra identidad actual.

Dentro de nosotros están habilitadas todas las posibilidades del universo, porque están codificadas en nuestro interior a la espera de que observemos y elijamos cuáles deseamos experimentar. Todas ellas son manifestaciones de la identidad y solo con el acto de elegirlas, aceptarlas y percibirlas se convertirán en el propósito de vida que construiremos. Cuando comprendemos que el exterior de vida refleja fielmente la percepción que tenemos de nosotros, ya no buscamos los cambios fuera, porque ahora sabemos que la clave reside en escoger, percibir y aceptar la identidad lo más posible.

La vida de cualquier persona es un reflejo matemático de la identidad que eligió aceptar en sí misma. Solo con escuchar hablar a alguien, podemos hacernos una idea bastante aproximada de la realidad que está creando: dónde vivimos, a qué nos dedicamos, el tipo de relaciones que tenemos... Estos campos de información están mostrando la identidad que elegimos expresar. Puesto que todo es información, aquellas experiencias que nos rodean muestran la identidad que estamos escogiendo y aceptando en ese momento exacto. Si queremos tener más, tenemos que ser más, y para poder ser más, tenemos que aceptar más la identidad.

Esto nos conduce a la maravillosa frase del gran maestro espiritual, Ramana Maharshi, que reza: «No hay otros». Es una expresión que pone de manifiesto y revela una de las grandes verdades del universo. ¿Qué significa esto? Pues que no hay nadie ahí fuera, que somos nosotros todo el rato, y que cada persona que está en nuestra vida es un espejo que refleja una parte de la identidad que estamos expresando. Y que, en definitiva, todo es un juego de imágenes, donde la suma de las personas que nos rodean está revelando la frecuencia de identidad en que estamos vibrando.

Hay tantas realidades como identidades y es interesante que nos preguntemos: ¿qué modelo de identidad estoy manifestando en este presente? Debemos tener lo más claro posible en qué frecuencia de identidad estamos vibrando para no llevarnos sorpresas desagradables cuando menos lo esperemos. Si alguien está vibrando bajo, porque acepta poco su identidad y no es consciente de ello, se enterará cuando paseando por el campo le caiga un rayo. También sucederá cuando vaya de boda vestido con suma elegancia, con flamante esmoquin incluido, y camino de la iglesia meta el pie en el barro y ensucie sus lustrosos zapatos.

Por el contrario, si la persona está vibrando alto porque acepta mucho su identidad conectará con acontecimientos que bautizaríamos como afortunados y que sencillamente indican que la persona recibe las recompensas de haber elegido aceptar su identidad de forma más integral. Cuanto más alto vibramos, más limpia, transparente y luminosa se vuelve la energía; debido a eso, los episodios que atraemos comportan una carga de información que nos permite evolucionar de manera amable.

SER Y PARECER

Esto nos conduce a un concepto realmente interesante que es el siguiente: si no parecemos lo que somos, no lo somos. Da igual que dentro de nosotros habite un enorme potencial, porque, si no lo comunicamos y transmitimos correctamente, la idea que recibirán los demás será lo que aparentamos ser y no lo que en esencia somos. Parecer es tan importante como ser. Puede sonar superficial esto que contamos, pero es interesante que lo examinemos con detenimiento. Si nuestra imagen exterior está en desacuerdo con nuestra imagen interior, la primera de las dos será la que prevalezca.

Cuanto mejor comunicamos nuestra identidad, más fácil resulta parecerla. No hay pose o superficialidad en este hecho, simplemente estamos aparentando lo que sabemos que somos. Decíamos en el capítulo 6 que con regularidad vemos situaciones en las que personas con una imagen profesional respetada no la sostienen cuando llega el momento de cumplir esa promesa, y que eso sucedía cuando su interior está vacío de contenido y la matriz que debería sostener dicha apariencia, sencillamente, no está.

Ahora queremos mostrar la otra cara de la moneda: personas con identidades absolutamente aceptadas y trabajadas por dentro, pero que, de cara al exterior, están equívocamente comunicadas. Si de forma medible somos muy talentosos, pero no transmitimos correctamente dichas capacidades, la persona que nos quiera contratar o hacer negocios con nosotros recibirá una información confusa y de poco servirán nuestros potenciales. Estamos reivindicando unir la esencia con la apariencia y dejar de juzgar que una imagen exterior interesante conlleve un interior superficial.

Hay identidades fascinantes pero muy mal comunicadas e identidades vacías que son un ejemplo de comunicación efectiva. No debemos olvidar que la identidad es un producto que estamos vendiéndoles a los demás; por ello, si la manera de exponerla es defectuosa, de poco servirá que seamos increíbles por dentro, porque probablemente no tendremos la oportunidad de demostrarlo.

Por esta razón, los productos que al supermercado más le interesa vender están estratégicamente situados a la altura de nuestros ojos, donde es más fácil que los veamos y no a la altura de las rodillas, donde si queremos comprarlos tendremos que agacharnos. Los profesionales del sector saben bien que el deseo tiene que estar a la vista para que pueda ser adquirido por la persona que observa. Y no hay nada de malo en que así sea, porque lo que no se comunica en realidad no existe y, en consecuencia, no se puede consumir.

La apariencia del perfume que compramos es importante y, por esta razón, las grandes compañías gastan ingentes cantidades de dinero en el diseño de los envases de sus productos. Están vendiendo identidades con formas materiales y si dichos objetos poseen una imagen imperfecta, por muy bueno que sea el contenido, lo más fácil es que no lo adquiramos. Si el olor de una fragancia resulta atractivo pero el envase resulta antiestético, lo más probable es que ese producto deje de interesarnos.

¿Qué impresión nos causaría entrar en un restaurante tres estrellas Michelin y que el *maître* nos recibiera desaliñado o con manchas en la ropa? ¿O que nos sirvieran el menú que hemos pedido en un plato desconchado? ¿Qué es más importante, que la persona que atiende la mesa esté pulcramente vestida o que la comida que sirvan sea excelente? La respuesta evidente es que todo es importante.

Estos restaurantes son tan prestigiosos, porque todo está pensado hasta el más mínimo detalle: diseño, decoración, la gran calidad de sus platos... Todo suma, y la excelencia es el resultado de todas estas experiencias. Parecer es tan importante como ser. Parecer importa, importa mucho, porque, de no ser así, nuestra identidad difícilmente podrá manifestarse adecuadamente.

En mayor o menor medida, todos estamos comunicando nuestra identidad. Absolutamente todos. Cuando asistimos a una boda, a una entrevista de trabajo o el día que vamos a conocer a nuestros suegros. ¿Cuántas personas conocemos que vayan a pedir un préstamo al banco en chándal? ¿O quién se presenta a una primera cita sin duchar? Por eso nunca hay una segunda oportunidad para causar una primera buena impresión. No dudamos que haya personas que contradigan estos ejemplos, pero sin duda estos comportamientos irán claramente en su contra, ya que en el caso de la identidad el hábito sí hace al monje.

Lo que no percibimos en nosotros, es imposible que desde fuera puedan percibirlo los demás. No hay que criminalizar que todos seamos un producto, porque no hay nada infame en ello. Es más peligrosa la falta de consciencia al respecto que el propio hecho de que la vida funciona así. En muchas ocasiones se produce algo muy paradójico cuando un artista de éxito dice públicamente que no le gustan los artistas que son un producto, cuando precisamente él es un producto y por eso tiene tanto éxito.

Aparentar nuestra identidad es fundamental, puesto que nos dará la oportunidad de enseñársela al mundo. Trabajar en la apariencia, tanto física como emocional y por supuesto energética, es clave para alcanzar el propósito de vida. Preguntemos, si no, a los expertos en comunicación no verbal y veremos lo que nos dicen al respecto. Estamos constantemente emitiendo distintos tipos de información que llegan continuamente al receptor que está frente a nosotros. Debemos ser muy conscientes de qué están percibiendo los demás cuando nos observan, porque vender un coche sucio, por muy bien que esté el motor, es obvio que le hará perder valor.

Cuanto más aceptada tengamos la identidad, más fácil resultará aparentarla. Hagamos hincapié en abandonar prejuicios con respecto al vocablo «aparentar» porque nos impedirán relacionarnos de una manera desprejuiciada con dicha palabra. Comunicar debidamente lo que somos es tan fundamental como el hecho de que estén activados nuestros talentos en la mayor proporción posible. Tener consciencia de la información que reciben los demás cuando nos miran nos permitirá ser más dueños de nuestro destino y obtener resultados mucho más efectivos de cara al futuro.

Es imposible que nos sintamos triunfadores si no tenemos la percepción interior de ser triunfadores, porque saber quiénes somos y ser conscientes de quiénes somos son dos cosas diferentes. Tener la información sobre uno mismo no crea la realidad; tener consciencia de la identidad y aceptarla de forma plena, sí que lo hace. Es decir, si sabemos que somos brillantes pero no somos conscientes de ser brillantes en realidad no somos brillantes.

Parecer lo que somos nos da la oportunidad de demostrar lo que valemos, provocando deseo en todos aquellos que nos observan. Cuanto más deseables nos volvamos para el mercado profesional que nos interesa, mejor nos irá. De la misma manera que aquello que consumimos creó previamente en nosotros la necesidad de ser adquirido, una vez reconocido sin pudor que somos el producto, el objetivo será provocar ese mismo deseo en los demás.

Ser deseables para la industria a la que queremos pertenecer es responsabilidad nuestra, porque comunicando adecuadamente la identidad despertaremos el deseo de que quieran integrarnos en ella. Cuando mostramos el valor que pueden recibir de nosotros, la maquinaria de interés se pone automáticamente en marcha y dejamos de ser uno más para convertirnos en alguien que el mercado quiere atesorar.

Por eso consideramos que es tan importante parecer, porque si detrás de la apariencia existe una identidad poderosa y comprometida, se unirán el yin y el yang en una fusión perfecta, donde ser y parecer serán una sola cosa. Si lo parecemos pero no lo somos, tendremos la oportunidad de enseñar lo que valemos, pero si lo somos y no lo parecemos, probamente nunca tengamos la oportunidad de demostrarlo.

Decodifícate

Las personas que mejor posicionadas se encuentran dentro de la pirámide son aquellas que más decodificadas se tienen a sí mismas y, por tanto, la aceptación y percepción de su identidad está mucho más desarrollada. «Decodificarse» y «actualizarse» son sinónimos y ocurre cuando el nivel de observación sobre la identidad es continuo.

Nuestra identidad es información codificada y la decodificamos en la proporción en que nos observamos, percibimos y aceptamos. Cuando nos decodificamos estamos descargando una información de nosotros que estaba encriptada en nuestra identidad a la espera de ser actualizada. Así, decodificar y descargar información son sinónimos y, por consiguiente, son la misma cosa. Es lo mismo que sucede cuando el *smartphone* se actualiza para continuar siendo efectivo ante los ajustes y novedades que se producen en el sistema operativo.

Analicemos detenidamente en esta frase: «Si dejamos de observarnos, dejamos de actualizarnos». Somos ese dispositivo que necesita constantemente modernizarse, para integrar en su interior todas las experiencias que van sucediendo en el día a día. En caso de no hacerlo, quedaremos atrapados en las rutinas conocidas, recreando experiencias de vida conocidas poco estimulantes.

Continuar observándonos nos permite acceder al disco duro de nuestra identidad para seguir reinventándonos ante un mundo en el que todo va muy rápido y donde, en caso de no realizarlo, quedaríamos desfasados. Les sucede a muchas personas que siguen comunicando una identidad que fue atractiva en el pasado y que, sin embargo, en el presente carece de interés.

Prestemos atención a una cosa: nuestro futuro siempre reflejará la identidad que observemos y aceptemos desde el presente. Si no percibimos información nueva, continuaremos siendo los mismos y crearemos las mismas realidades de siempre, debido a que el mundo que vivimos es la imagen y semejanza de nuestra identidad. Cuando dejamos de observarnos, se para el tiempo y perdemos la consciencia de todo lo que aguarda en nuestro interior, esperando a que lo exploremos.

Por descontado, actualizar la identidad tiene que ver con la imagen física para no quedarnos anclados en las modas del pasado, pero fundamentalmente tiene que ver con cultivar un interior rico en experiencias a través de viajar, conocer gente nueva, tener inquietudes sociales, escuchar nuevas músicas, etc.

Esto no significa que deba gustarnos necesariamente la canción del momento, pero el mundo del arte sigue ofreciendo artistas de todo tipo y estilos, y si no buceamos y exploramos otras variables nos perdemos un montón de melodías nuevas que están a la espera de que las descubramos.

Cuando nos resistimos a seguir observándonos, desistimos de actualizarnos, dejando de percibir en nosotros características nuevas de la identidad que poder aceptar y expresar en el futuro. En ese caso, seguiremos trabajando con información antigua, lo que imposibilitará la creación de nuevas realidades.

Observar nuestra identidad futura la predice y nos conduce hasta ella. Observar la identidad pasada la replica y nos mantiene atrapados en la burbuja del tiempo. Cuando el miedo nos impide seguir actualizándonos, las elecciones que observamos no nos llevan al futuro, sino al pasado. Es muy importante definir si los caminos que tomamos nos encauzan en la dirección adecuada, porque en muchas ocasiones ocurre que no somos conscientes de la línea temporal que estamos observando.

Esto sucede porque seguimos observando una identidad que ha quedado desfasada y pretendemos conquistar metas nuevas sin actualizar la identidad y arriesgando lo mínimo. Ello es una tremenda paradoja, dado que en la dinámica de querer resultados distintos hemos tomado las mismas decisiones de siempre. Discernir entre adelante y atrás es esencial, porque nos permitirá evitar sorpresas desagradables cuando aparezcan las consecuencias. El inconsciente que tiene toda la información nos lo indica a través de su lenguaje particular de símbolos y analogías.

Lo que debemos comprender es que, en momentos determinados del juego, dejamos de observar y descubrir partes nuevas de la identidad y que, si eso sucede, nos quedamos congelados en el tiempo, atrapados en realidades previsibles. Nuestra tendencia disfuncional cuando tenemos miedo a la sombra es a quedarnos en la vibración baja conocida, en vez de en la vibración alta por conocer. Nos resistimos a avanzar a través de la emoción favorita del ego, que es la pereza.

Si la información que observamos pertenece al pasado, los resultados que obtendremos serán similares a los que ya conocemos. Mientras, por el contrario, si observamos y aceptamos partes nuevas de la identidad, todo se volverá novedoso y las personas o experiencias que aparecerán nos conducirán a realidades más desafiantes. Ello significa que el propósito de vida se exprimirá mucho más y los deseos que encontraremos por el camino nos excitarán mucho más también.

Ejemplos de decodificación de la identidad los tenemos cuando vemos fotografías pasadas de un artista que en nada se parecen a la identidad que manifiesta en el presente. También las ciudades se decodifican a sí mismas, como sucedió con el Nueva york de los años ochenta y el actual, que no tienen nada que ver entre ellos, o como ocurre en el teatro clásico, cuando se hacen adaptaciones contemporáneas que actualizan el texto y la forma de contar las historias.

Un ejemplo perfecto de identidad decodificada y aceptada en grado alto lo ofrece la figura de David Bowie, quien durante toda su trayectoria, se experimentó a sí mismo a través de su imagen física y, primordialmente, mediante los diversos géneros musicales en los que se adentró. Eso hizo que se convirtiera en un icono en lo que decodificación de la identidad se refiere, por la forma en que fue adelantándose a su tiempo, en vez de quedarse atrapado en él.

Observarnos en profundidad actualiza nuestro sentido de la identidad y nos permite descubrir aspectos que hasta entonces no habíamos contemplado. Una vez realizada la observación, esas partes de la identidad recién descubiertas esperarán a ser aceptadas y percibidas por nosotros con la mayor intensidad posible. Para poder, así, conquistar áreas del propósito de vida, que hasta el momento solo eran posibilidades.

Cuando descubrimos esas partes nuevas de la identidad, comprendemos la infinitud de lo que somos, lo cual nos ofrece un arco de posibilidades atemporal para que podamos expresarnos desde lugares que nunca habríamos imaginado. De la misma manera que nos gusta que la vida nos sorprenda, a ella le pasa igual con nosotros y le encanta que rompamos lo establecido y también la sorprendamos. Observar lo imposible lo convierte en posible, igual que observar lo fácil lo vuelve fácil. Somos mucho más de lo que creemos ser, pero como dejamos de observarnos nos resulta difícil de creer.

> **La identidad codificada se descarga, observándola, eligiéndola y aceptándola.**

VIVIR EL FUTURO EN EL PRESENTE

Nosotros elegimos el grado proporcional en que aceptamos nuestra identidad y, dependiendo de ello, aceleraremos o deceleraremos los procesos de consecución de las metas deseadas. Cuanto más aceptada y percibida tengamos nuestra identidad, más alto vibraremos viviendo el futuro en el presente. ¿Qué significa esto? Significa que cuando las personas, en sus diferentes disciplinas profesionales, alcanzan grandes éxitos desde muy temprana edad es porque eligieron aceptar su identidad de forma total desde el principio.

Vivir el futuro en el presente significa utilizar la libertad de elección para ser ahora lo que seremos después. Ocurre cuando la persona en sus primeros nueve años de vida ya tiene la percepción y aceptación de sí misma que acabaría adquiriendo con el tiempo. Se puede ver en los niños prodigio, que comienzan a manifestar a edades muy tempranas sus talentos, dado que no necesitan el factor temporal para aceptar quiénes son y realizar su identidad en el tiempo.

Lo podemos apreciar también en los deportistas que terminan sus carreras cuando los demás empezamos la nuestra. Este nivel tan prematuro de compromiso y entrega hacia su naturaleza provoca que sus talentos estén activados desde el principio y les permite convertirse en un Rafa Nadal, un Fernando Alonso o un Lionel Messi. Estos tres genios en sus disciplinas deportivas correspondientes tienen en común el hecho de haber elegido y aceptado su identidad integral en esos ciclos tan incipientes de sus vidas.

Cuando somos de pequeños lo que seremos de mayores, seremos de mayores lo que ya éramos de pequeños. Se parece a empezar la vida por el final, en vez de por el principio. Si queremos vivir de delante hacia atrás para ahorrarnos los estadios intermedios, debemos elegir aceptar la identidad de manera plena lo más tempranamente posible. Vivir con el tiempo inverso representa que ya no necesitamos las experiencias que nos harían descubrir quiénes somos a través del espacio y el tiempo.

En la proporción en la que aceptamos y percibimos nuestra identidad de manera integral, queda decodificada por completo y pasa a expresarse, sin la necesidad de ser inspirada por ninguna situación o acontecimiento del exterior. ¿Por qué Mozart componía sinfonías siendo tan pequeño? Porque su identidad estaba aceptada a tal nivel, que no necesitó los años de experiencia que sus contemporáneos sí que precisaron para llegar a ser ellos.

Elegir aceptar la identidad de manera completa conlleva que todo suceda aquí y ahora, que en realidad es como fue diseñado el juego, puesto que la paradoja espaciotemporal surgió como repuesta a nuestros bloqueos, miedos y resistencias. Antes de la aparición del ego y el apego, vivíamos en un paraíso llamado presente, donde nos expresábamos a través de nuestros avatares físicos, jugando a materializar los deseos fuera de esas leyes limitantes.

Cuando la identidad está percibida y aceptada de forma plena, el espacio se contrae y el tiempo se ralentiza, y cuando sucede al revés, el espacio se expande y el tiempo se dilata. Todo este despliegue universal fue creado a nuestra imagen y semejanza, para que pudiéramos realizar nuestra misión en este plano, con el objetivo de volver a conectar con la frecuencia de vibración donde todo sucede aquí y ahora.

La llave que abre la puerta de los deseos es aceptar y percibir nuestra identidad lo más posible, evitando así que nuestras resistencias nos mantengan atrapados en el bucle espaciotemporal. La identidad aceptada y percibida de forma plena representa la causa, y el talento manifestado y los resultados, la consecuencia. La clave reside en cuánto nos aceptamos y no en cuánto valemos, o, mejor dicho, valemos tanto como nos aceptamos.

Porque estructuralmente todos tenemos las mismas cualidades que admiramos en los demás y el rasgo distintivo reside en el nivel de entrega que cada persona posea hacia su naturaleza esencial. Esta es la razón por la que, muchas veces, personas con un talento inmenso se quedan por el camino en su ascenso a las pantallas principales del juego. Esto es debido a que su problema no proviene de sus aptitudes, sino del grado de compromiso que tienen con su identidad.

En el mundo del tenis de alta competición se aprecia fenomenalmente. Incluso cuando ya está alcanzada la cima del top ten, la diferencia entre ser el número uno del ranking o ser el número siete no la determina el talento que cada deportista posea. La diferencia estriba en lo que genéricamente se conoce como mentalidad ganadora y que, en nuestro lenguaje, denominamos percepción y aceptación total de la identidad. Porque cuanto más aceptamos lo que somos, más corremos, más nos cuidamos, más nos entrenamos y más aceptamos que nuestro entrenador nos diga las cosas que hacemos mal.

Los líderes en cualquier disciplina profesional no lo son porque tengan más talento que los demás, sino porque no negocian su sentido de la identidad y, a partir de ese momento, solo los podrá vencer alguien con un sentido de la identidad similar.

Por eso las oportunidades son las mismas para todos, ya que no hay personas que nacieron predestinadas a alcanzar la gloria y otras, sin embargo, parecerían destinadas a luchar por sobrevivir en las condiciones de vida más adversas.

Podríamos preguntarnos: ¿qué posibilidades tiene de triunfar en la vida alguien que nace en un contexto muy desfavorable y que parece estar condenado a vivir en el sacrificio extremo? Pues depende de cuánto elija aceptar quién es. Porque todos conocemos casos de personas que, naciendo en una pequeña aldea, acabaron siendo estrellas del atletismo, o aquellas otras que se convirtieron en grandes artistas cuando venían huyendo de una guerra.

Cada uno de nosotros arrastra su propio historial y compararnos con los demás sería totalmente injusto para ambas partes. Lo que sí pretendemos dejar claro es que, ante las circunstancias más adversas, incluso cuando parezca imposible salir de tan cruda realidad, el diferenciador no se hallará en las condiciones externas de la vida que cada uno posea, sino en el grado de compromiso que cada persona adquiera con su identidad.

El libre albedrío nos ofrece en todo momento la posibilidad de experimentar lo que elegimos ser, percibiendo y aceptando nuestra identidad en el grado que cada uno elijamos. Nuestra identidad actual creó el mundo en que vivimos mediante la aceptación y la percepción de la identidad; por tanto, siempre podemos abrirnos a nuevas experiencias, solo con el hecho de elegirlas y aceptarlas en nuestro interior.

Todo cambio de vida comienza, así, con el cambio de percepción sobre uno mismo.

Patrón de vida existencial

Llegó la hora de acceder al patrón existencial de vida, que nos permitirá aplicar la fórmula para conquistar el propósito de vida en tres únicos pasos. Si bien llevamos hablando durante todo el libro de esta información, vamos a reducir todas las páginas anteriores a una frase. La existencia resumida en tres sencillos pasos que puede comprender tanto un niño pequeño como una persona de edad avanzada.

Hemos dicho repetidas veces que la llave que abre la puerta de los deseos es aceptar la identidad de forma integral. Aunque sola, por sí misma, no podría conseguirlo, ya que forma parte de un triángulo energético, donde necesita fusionarse con las dos partes restantes. Esto nos lleva a comprender que nuestra vida está codificada en una secuencia matemática de tres cifras, donde cada uno de estos dígitos de información es indispensable para la consecución del propósito. El patrón necesario para conseguir la vida que deseamos es el siguiente:

Una identidad = Lo que elegimos ser

Una energía = Lo que aceptamos hacer

Un propósito = Lo que deseamos tener

Cada uno de los patrones de vida está compuesto de una secuencia numérica diferente, todos ellos con una carga de información distinta que representan los 81 modelos de vida existentes. En el origen del juego, todos elegimos aquel que más nos fascinó, para jugar a través de una identidad, una energía y un propósito.

Y a través de este triángulo sagrado, nuestra consciencia se expresa en el mundo de la forma material y nuestros deseos se experimentan de igual manera. Cada una de estas partes ocupa un espacio concreto dentro de la tríada y, aunque tienen perfectamente definido su lugar, ahora veremos cómo en realidad son un mismo campo de información que funciona de forma circular y no lineal.

Por tanto, la secuencia completa quedaría de esta manera:

Identidad elegida + identidad aceptada = propósito de vida realizado
SER + HACER = TENER

Esta es la fórmula creadora de la realidad material que explica por qué y para qué estamos aquí. Desarrollar este patrón de vida es lo que da sentido a las experiencias que deseamos experimentar dentro del simulador, porque, como dijimos al comienzo del libro, la misión consiste en jugar, expresando una identidad y conquistando un propósito.

Tres verbos que nos permiten diferenciar claramente el significado de cada una de estas piezas sagradas, mediante las cuales la consciencia se manifiesta. Un diseño que observamos como lineal, cuando en realidad son un todo circular, donde principio y final se fusionan en una sola entidad. Una secuencia divina que, por su sencillez, resulta accesible para cualquier participante del videojuego, indistintamente del estado de consciencia que posea.

Ser, hacer y tener... tres aspectos indivisibles que habitan en nosotros, porque son formas diferentes de manifestar la divinidad. Una identidad, una energía y un propósito, naciendo de nuestro interior y desplegándose hasta adoptar maneras distintas. No las dividamos porque son una unidad perfecta y, entendiendo esta verdad universal, comprendemos que este trinomio representa la totalidad y la división de las partes, una mera ilusión. La elección de la identidad y aceptación de esta, unidas al deseo de experimentar el propósito de vida, son las claves definitivas para llegar hasta el final de la partida. La identidad percibida y aceptada es la piedra filosofal con la que conquistaremos nuestras metas y convertiremos el plomo en oro, a semejanza a los antiguos alquimistas. Todo se reduce a una identidad elegida, un propósito de vida deseado y una identidad aceptada del modo más integral posible.

«Cuanto más deseamos nuestro propósito de vida y más realizamos nuestra identidad, más resultados conseguimos». Con esta frase queda definida la fórmula aritmética para la consecución del propósito de vida. Esta es la clave magistral que convierte las posibilidades en realidades. La trinidad expresándose en una danza infinita, donde la divinidad se conoce a sí misma a través de la experiencia terrenal.

Epílogo

Hemos hecho un largo viaje desde el principio hasta aquí. Quizá la idea principal de este trabajo sea que tengamos la plena consciencia de que todo depende de nosotros y que el propósito de vida no es algo escurridizo o que solo está al alcance de unos pocos. Las personas que han llegado a las pantallas finales del juego poseen las misma armas y herramientas que nosotros para llegar hasta allí. No son superhéroes o están dotados de habilidades o poderes de los que carecemos los demás. Solo les distingue el amor tan profundo que tienen hacia su identidad y la forma en que se entregan a ella.

Insistiremos para que quede muy claro que el diferencial que poseen aquellos que llegaron a la cima, en relación con los que están intentando coronarla, es el grado de responsabilidad que tienen hacia su identidad y el compromiso con su propósito de vida deseado. Esas son las cualidades que los distingue del resto del mundo, porque la identidad reconocida y aceptada es lo que convierte a personas normales en seres excepcionales. Ahí reside la fuerza y el poder para conquistar cualquier tipo de meta que deseemos conquistar.

La separación es tan solo un sueño imaginario, porque todo está conectado con la fuente. Las tres partes de la secuencia habitan en nosotros, dado que son diferentes formas de manifestación de la consciencia. Por eso es fundamental que nos atrevamos a expresar la identidad elegida, puesto que el propósito de vida solo puede alcanzarse mediante la realización de esta, porque cuanto más somos lo que elegimos, más obtenemos lo que deseamos.

Así que debemos desapegarnos del miedo a morir, para soltar la identidad y los deseos conquistados cuando llegue la hora de partir. Apegarnos al propósito de vida, buscando a través de ella nuestro sentido de la existencia, es la manera equivocada que tiene nuestro ego de perpetuarse en el tiempo. Cuando en realidad no hay nada que inmortalizar, porque ya somos infinitos. Somos consciencia eterna jugando a ser mortales. «Lo que existe existirá siempre y lo que no existe no existirá jamás».

Aceptar de forma radical la identidad elegida impulsará nuestro propósito de vida a niveles que no podemos imaginar. No perdamos nunca de vista la vida que queremos, porque está ante nuestros ojos esperando a que la observemos. Tenemos un propósito de vida, porque así lo deseamos, y a través de la identidad llegaremos a conquistarlo. Identidad, energía y propósito, naciendo de nuestro interior y fusionándose en un infinito eterno.

Por este motivo, tú eres tu propósito de vida; por este motivo, tu propósito de vida eres tú.

La travesía continúa. Gracias por acompañarme hasta aquí.

Agradecimientos

Quiero dar las gracias a mi madre, que desde el otro lado me ha acompañado en la escritura de este libro. A mi padre, por no rendirse cuando más perdido me encontraba. A mis hijos, por estimularme a ser quien soy. A mi agente literario, por lanzarme a esta aventura. Y de forma expresa a mi editor, Oriol Masià, por su paciencia y buen hacer. Gracias a todos por haber sido partícipes de esta primera obra.

Índice